安徽师范大学体育学院学术丛书

新农村建设背景下我国农村体育生活方式现代化研究

2010年国家社会科学基金青年项目『新农村建设背景下我国农村体育生活方式现代化研究』（编号2010CTY011）结项成果

余涛 崔琼◎著

安徽师范大学出版社
·芜湖·

图书在版编目(CIP)数据

新农村建设背景下我国农村体育生活方式现代化研究 / 余涛，崔琼著. — 芜湖：安徽师范大学出版社，2018.2

ISBN 978-7-5676-3329-2

Ⅰ. ①新… Ⅱ. ①余… ②崔… Ⅲ. ①农村 - 体育活动 - 研究 - 中国 Ⅳ. ①G812.42

中国版本图书馆CIP数据核字(2018)第018095号

新农村建设背景下我国农村体育生活方式现代化研究　　余涛　崔琼◎著

责任编辑：何章艳　　责任校对：潘　安

装帧设计：丁奕奕　　责任印制：桑国磊

出版发行：安徽师范大学出版社

芜湖市九华南路189号安徽师范大学花津校区

网　　址：http://www.ahnupress.com/

发 行 部：0553-3883578　5910327　5910310(传真)

印　　刷：江苏凤凰数码印务有限公司

版　　次：2018年2月第1版

印　　次：2018年2月第1次印刷

规　　格：700 mm×1000 mm　1/16

印　　张：13.25

字　　数：220千字

书　　号：ISBN 978-7-5676-3329-2

定　　价：48.00元

目 录

绪　论

为了加快推动我国农村的现代化发展进程，十六届五中全会提出建设“社会主义新农村”的伟大战略决策。2006年颁布的《中共中央国务院关于推进社会主义新农村建设的若干意见》（下文简称《意见》）提出，协调推进农村经济建设、政治建设、文化建设、社会建设和党的建设，切实把建设社会主义新农村的各项任务落到实处，加快农村全面小康和现代化建设步伐。可见，新农村建设实质上就是农村的现代化建设。通过对《意见》内容的分析，可以得出农村的现代化建设包括三个方面：其一，运用现代先进科学技术，推动农业和农村经济快速发展，实现农业现代化，促进农民收入不断增长；其二，不断提高农村居民的生活水平，改善农村居住环境，建设优良的乡村风貌和生态环境；其三，利用现代社会文明成果，促进农村政治、文化、教育、体育、卫生医疗、社会福利、法治等社会各项事业的现代化，促进农村居民的素质不断提高，保持农村社会和谐稳定。因此，新农村建设不是一个单纯的经济发展概念，而是一个包括政治、经济、科技、教育、文化等方面的社会全面进步的概念；新农村建设不是一个单纯的生产方式发展概念，而是生产方式和生活方式共同发展的概念，其最终的目的是实现我国农村社会的全面现代化，要“提高农民收入”和“增加农民生活幸福感”。

新农村建设的关键是从农村出发，不断增加农民的广泛福利。增加农民福利需要做两方面的工作：一是在努力提高农民收入的前提下，不断增加农村公共服务供给水平，有效降低农村居民的生产生活支出；二是通过农村文化建设，为农民提供精神和文化方面的福利①。

① 贺雪峰.立足增加农民福利的新农村建设[J].学习与实践,2006(2):84-89.

新农村建设将发展农村经济与提高农民生活质量共同视为当前农村工作中最为重要的两项任务。体育生活方式作为一种健康、科学、文明的文化生活方式，已经成为新农村建设中可以促进农村文化事业繁荣、社会稳定的重要方式。新中国成立后，特别是改革开放后，我国农村的政治、经济、文化等各个方面都发生了翻天覆地的变化，农民基本上摆脱了贫困、温饱状态而逐渐进入小康社会，我国农民的劳动强度逐渐下降，闲暇时间逐渐增多，文化需求呈现多样化的趋势。国家体育总局《2007年中国城乡居民参加体育锻炼现状调查公报》所公布的数据显示，2007年，我国16周岁及以上的农村居民中有4.1%的人“经常参加”锻炼；有69.4%的农村居民进行过体育消费，人均年体育消费额为355元，消费内容包括运动服装、体育器材、体育刊物等[①]。为了满足农民逐渐多样化的体育需求，体育辅导站、健身俱乐部、秧歌舞队、广场舞队、太极拳队等基层体育组织在农村大量出现。在这些基层体育组织的组织下，很多农民自愿自发参加体育活动。同时，一些较为发达地区的农村，在当地政府和村委会的领导下，充分利用体育的经济、文化和教育等功能，以“体”会友，以“体”会商，不断加强农村与外界经济、文化、教育的交流。全国不少地方出现了小康的农村生活水平带动农村体育的发展，农村体育的发展又促进当地农村物质文明和精神文明建设的先进典型[②]。新农村建设背景下，构建新型农村现代体育生活方式被赋予新的内涵。一种具有强大的文化功能的新型现代体育生活方式正在农村逐渐形成，它不仅成为农村社会建设和文化建设的核心内容之一，还成为增进农民福利感受和展现人生意义的重要舞台。

体育生活方式是回答“人们怎样从事体育生活”问题的文化生活方式。在追求和构建中国人的现代化生活方式过程中，笔者不断感受到体育生活方式对农村社会现代化的影响和作用。目前，我国农村体育生活方式还较落后，现代性也较弱，但在新农村建设背景下，农村体育生活方式正经历着一次巨大改变，在传统体育生活方式和西方现代体育生活方式的选择上

① 国家体育总局.2007年中国城乡居民参加体育锻炼现状调查公报[EB/OL].http://www.gov.cn/test/2012-04/19/content_2117453.htm.

② 朱家新.新时期农村体育发展理论与实证研究[M].合肥:安徽大学出版社,2007:1.

不断地、反复地、艰难地进行着博弈。在博弈过程中，我国农村体育生活方式自觉或不自觉地已经踏上了现代化道路。不过，不能因为现代性的不足，就要舍弃对农村体育生活方式现代化目标的不懈追求。因为农村体育生活方式现代化不仅是我国新农村建设的重要任务之一，也是农村社会现代化之必需、农村生活之必需，更是农村体育生活方式内部矛盾运动的必然结果，体现了我国农村社会发展的必然趋势。虽然我国农村体育生活方式在本质上具有追求现代化的诉求，但是具体到农村新型现代体育生活方式的建构上，它应当反映怎样的时代的、社会的要求和现代化内涵？由于历史的、制度的、社会的原因，我国城乡之间还存在着差距，农村体育生活方式现代化水平还远远落后于城市，如何才能建构一种适合农村实际情况的新型现代体育生活方式？要解决这些问题，就必须将农村体育生活方式置于新农村建设背景下加以研究以获得其自身的规律性。

第一章　体育生活方式的一般理论

当今社会存在许多关于体育生活方式的现象，但“熟知未必真知”，要真正弄懂它的科学含义以及农村体育生活方式与现代化的关系，不是那么容易的事情。为了探析新农村建设背景下我国农村体育生活方式现代化的问题，首先需要厘清几个基本问题，即什么是体育生活？什么是体育生活方式？体育生活方式的研究内容包括哪些？体育生活方式的属性和相关理论有哪些？

第一节　何谓体育生活方式

一、生活与体育生活的概念

（一）生活的概念

“生活”何解？《辞海》中有两种解释：其一，人的各种活动；其二，生存、活着①。前者太过简单；后者解释虽点到“生活”本义，但仅仅是从语言学层面对它进行了概念表层的解释，并没有从哲学和历史学层面加以深入分析。李真、汪锡奎等专家认为，生活是指社会及其成员为生存和发展而进行的活动。不论是经济活动、政治活动，还是文化活动，不论是人的物质活动，还是精神活动，其实质都在于满足人们生存、发展的需要，

① 辞海编辑委员会.辞海：下册［M］.上海：上海辞书出版社，1979：3956.

实现和保障社会及其成员的生存与发展[①]。可见，为了生存与发展，人们的生活不仅仅局限于日常的衣食住行等物质的、个人的生活，还包括各类精神的、社会性的生活。只有这些方面的生活相互衔接，才能形成人类生活运行的完整过程。由此可见，生活是一个内容丰富、外延深广的概念，它涵盖了人类社会活动的方方面面。

虽然生活的概念外延深广，但人们的日常生活并不是乱而无章，而是一个系统。在这个系统里，每一个子系统在组成内容上、结构上、功能上都有别于其他子系统。这些子系统相互依存、相互影响，共同构成了一个辩证统一、不可分割的有机整体。然而在这样的系统里，子系统虽相对独立，但并不能隔绝其与其他子系统的联系，相反，一旦某一子系统隔绝或忽视其他子系统的存在和功能，不仅会限制其自身功能的发挥，还会抑制其他子系统功能的发挥，甚至影响整个生活系统功能的发挥。正是因为这些系统特征，生活的各子系统才形成了复杂的关系。在这个复杂关系中，不同的子系统处于不同地位，发挥着不同作用，这才使人类生活的统一体呈现出不平衡的变动状态[②]。

(二)体育生活的概念

过去，人们对生活的理解往往停留在维持生存的吃、喝、住、行等方面。改革开放以后，随着我国经济持续快速发展，人们的物质生活水平有了长足的提高，对于各种文化的需求、社会的思考、人生的价值以及生活的丰富感有了新的认识，对生命和生活的意义和价值有了新的诠释。在这样的背景下，人们逐渐认识到体育的健身、娱乐、休闲、社会交往等多元功能，并将其从生活的边缘拉入生活的核心区域。体育因其对提高人们生活质量乃至生命质量的重要贡献，开始成为人们生活中新的、重要的组成部分，人们称其为“体育生活”。从此，体育生活从非常态逐渐过渡到常态，同时体育生活的概念也开始逐渐被世人熟知。

1997年，世界卫生组织（WHO）发起了一场轰轰烈烈的体育生活运

① 李真，汪锡奎，郑振有，等．当代中国生活方式论[M]．南京：东南大学出版社，1997：1.

② 李真，汪锡奎，郑振有，等．当代中国生活方式论[M]．南京：东南大学出版社，1997：2.

动，呼吁各国和世界伙伴组织加强合作，在全球推广体育生活的理念。当时WHO发起体育生活运动的初衷是因为体育生活化有利于人的健康和身体机能的提高、有利于社会的稳定和安定等。然而体育生活的功能还没有真正被全球更多人认识和重视，因此，WHO希望各国和各世界伙伴组织通过制定相关政策，营造一个适合体育生活化的外在环境，促使更多的人（不分年龄段、不分性别、不分健康人和残疾人）喜欢体育、热爱体育、参与体育，并使体育活动成为他们正常生活的组成部分。

体育生活作为一个新概念，应该如何定义呢？所谓定义，就是对某一事物的本质特征、某一个概念的内涵和外延的确切而简要的说明。因此，准确把握体育生活概念的定义，就要抓住其本质，而抓住其本质必须要厘清体育生活的内涵与外延以及二者之间的关系。其实体育的本质属于生活，特别是在现代社会，体育在人们生活中所占的比重越来越重，并且与健康、休闲、娱乐、社会交往融为一体。虽然体育生活已经客观存在，但目前来看，体育生活的概念却难以精确定义，主要是因为其外延十分宽泛。通过文献收集发现，目前国内对体育生活的概念概括起来有两种观点。第一种观点是狭义的观点，即将体育生活视为一种中介，通过它可以满足人在生理、心理和精神等方面的各种生活需求。这种狭义的观点，是从个人日常生活角度来考察，并且将个人的体育生活分成了两类：一类是亲身参与型。它指个人亲身参与体育活动，通过运动，引起身体各生理、各项运动素质和运动技能等指标的改变，这种不断参与形成“量”的积累，从而维持和达到生物学意义上的健康标准。从目前来看，中国人的此类体育生活内容既包括参与跑步、篮球、足球、排球、健美操、体育舞蹈等普及性较高的主流型体育活动，也包括参与舞龙、舞狮、打陀螺、垂钓、远足、攀登、极限运动、电子竞技、竞技麻将、桥牌、围棋等普及性较低的非主流型体育活动。另一类是间接参与型。它指间接参与各种体育活动，如研究、探讨和交流体育类信息，看体育类图书报刊，通过电视和网络等媒体欣赏体育比赛，在现场看体育比赛，组织、管理和指导体育活动的开展，等等。

关于体育生活概念的第二种观点是广义的观点，这种观点站在社会生活角度，充分考虑社会生活与体育生活之间的关系——体育生活是社会生活的重要组成部分。体育生活与人类的政治、经济、文化等方面都有交集，因而具有物质和精神两个层面的内容；社会生活是体育生活的基础，可以通过体育生活得以展现，诸如社会生活中的竞争、交往、宣泄、享受、教育和文化传播等都可以通过体育生活得以展现。在坚持广义观点的学者中，梁利民博士对体育生活化所下的定义比较有代表性，他认为体育生活化是指大众通过直接和间接参与体育活动，从而形成满足大众生活享受、发展的需要，促进大众身心健康和人格形成的全部活动形式与行为特征的过程[①]。本书十分赞同梁利民博士的这一观点，即采用体育生活概念的广义定义。

二、生活方式与体育生活方式的概念

(一)生活方式的概念

任何人都离不开吃、喝、住、行、休闲、工作、交友等这些生活最基本的内容，但每个人在面对以上生活内容时的态度和所采取的方式都不尽相同。何谓“生活方式”呢？简单来说，生活方式作为一种社会现象，用最通俗的话来说就是“活法”，即回答人们“怎么生活”的问题。但是上升到概念和理性层面，采用“活法”和“怎么生活”来解释生活方式似乎太过简单，因为生活方式是一个内容丰富的概念。学界对生活方式概念的定义可谓仁者见仁，智者见智，总体来看大致有以下几种观点：一是将文化视为生活方式。如林顿认为：“一个社会的文化就是该社会成员的生活方式，也就是该社会成员后天习得，共同拥有，世代传递的思想意识和生活习惯的总和。”[②]二是将生活方式视为人们在一定人生观、生活价值观影响下的生活活动。韦伯和凡勃伦都坚持这样的观点，凡勃伦认为：“生活方式可以概括地把它说成是一种流行的精神态度或生活理论。”[③]三是认为生活

① 梁利民.体育生活化的理论构架[J].上海体育学院学报,1999(2):26-29.

② 金哲,李良美,姚永杭,等.最佳生活方式的选择[M].杭州:浙江人民出版社,1987:51.

③ 凡勃伦.有闲阶级论[M].蔡受百,译.北京:商务印书馆,1964:87。

方式是社会生活主体、社会条件和整个社会的生活活动形式的总和。如苏联1983年出版的《社会学手册》认为，生活方式是与生活条件和受生活条件制约的消费有关而形成的不同的生活活动的总体。四是认为生活方式就是人们对物质的、文化的消费方式。五是认为生活方式是人的一切社会活动方式，并且包括生产方式。

生活方式这个概念无论如何解读，它都是一个可以感知的具体概念，因此，它离不开四个要素——生活活动条件、生活活动主体、生活价值观和生活活动形式。其一，生活活动条件。生活活动条件一般包括生活活动主体所生活的自然环境和社会环境，这两个环境常常交织在一起共同影响着生活主体的活动。在古代，自然环境对于人类生活方式的影响远胜于社会环境，而到了近现代，特别是科学技术的发展，社会环境对人的生活方式的影响程度远大于自然环境，而且自然环境对生活方式的影响常常通过“人化环境”来进行。其二，生活活动主体。生活活动主体在上述四个要素中占有核心地位，可以具体到个人，也可以特指某一群体，如家庭、社区、阶层、民族或国家等。其三，生活价值观。生活价值观是对生活活动主体的生活态度和观点的总称，具体来说，它是生活活动主体对于生产、家庭、休闲、交往以及消费等生活基本问题的态度和看法。其四，生活活动形式。它是指在一定的生活活动条件和生活价值观共同影响下，生活活动主体在生活中所呈现出来的一定的行为模式。在国内研究生活方式的众多学者中，王雅林对生活方式概念的诠释也是从这四个要素入手的，并且提出这四个要素在生活方式体系中为了共同的生活目标而不断地相互渗透、相互作用。本书十分赞成他对生活方式所下的定义，即“不同社会和时代生活的人们，在一定的社会条件制约下和在一定的价值观指导下，形成了满足自身需要的生活活动形式和行为特征的总和”①。

（二）体育生活方式的概念

1.体育生活方式的定义

体育生活方式是回答人们如何进行体育生活，以及为什么要进行体育

① 王雅林.人类生活方式的前景[M].北京：中国社会科学出版社，1997：2.

生活的问题。从国内众多学者对体育生活方式概念所下的定义来看，苗大培吸收了王雅林对生活方式概念定义的观点，认为体育生活方式是在一定社会客观条件的制约下，社会中的个人、群体或全体成员为一定价值观所指导的满足多层次需要的全部体育活动的稳定形式和行为特征①。庹权等认为体育生活方式是在一定的社会背景下，人们依据主观愿望，用可获得的体育资源来满足自身维持和发展需要的体育活动形式和行为特征的总和②。这一观点是基于体育资源与自身体育需求关系而提出的。张玉秀提出了体育生活方式广义和狭义两层定义，其广义定义与苗大培的观点一致，同时她还提出了体育生活方式的狭义定义，即体育生活方式指人们的日常体育实践行为特征及其表现形式③。

体育生活方式这个概念究竟如何定义更科学呢？首先，体育生活方式是生活方式的重要组成部分，它与生活方式一样也会受到包括自然环境、社会环境、政治环境、经济环境、文化环境、历史环境等所组成的外在环境系统的影响和制约。其次，体育生活方式不仅是一种极为复杂的社会现象，而且也是一个相对独立的系统，由众多要素组成，各要素相互影响、相互制约。因此，出于这两点认识，并且部分吸收了上述几位学者对体育生活方式概念的观点，本书认为：体育生活方式是不同的社会和时代中的个人、群体或全体成员，在一定的社会条件制约和在一定的体育价值观指导下，为了满足多层次体育需求而形成的体育生活形式和行为特征的总和。

2.体育生活方式的构成要素

随着我国社会现代化的不断推进，人们的经济条件、文化需求、生活价值观都有了很大的改变，这对于推动现代体育生活方式的形成大有裨益。根据本书给体育生活方式所下的定义，体育生活条件、体育生活主体、体育价值观和体育生活形式是体育生活方式的构成要素。为了更好地把握这一概念，下面对这四个构成要素及其相互关系进行分析。

---

① 苗大培.论体育生活方式[M].北京:北京体育大学出版社,2004:90.

② 庹权,朱沛国.体育生活方式的现状及其原因探悉[J].湖北体育科技,2004(3):370-373.

③ 张玉秀.生活方式、体育生活方式的界定及其研究状况分析[J].南京体育学院学报(社会科学版),2005(3):13-16.

（1）体育生活条件。所谓体育生活条件，是形成一定的体育生活方式的外在环境。它由自然环境和社会环境两大系统组成。自然环境是人类生存的地理生物圈，包括地质、地貌、山川、河流、湖泊、海洋、气候等。从古至今，人类以及人类社会源源不断从自然界中汲取各类物质、能量和信息等资源以维系人类的生存和发展。在此过程中，人类创造了丰富多彩的文明形式，其中包括千姿百态的体育活动。因其强大的文化功能，人类逐渐将体育活动融入生活中。不同地域和自然环境对人们的生理素质、心理素质、体育行为和体育生活风格所产生的直接或间接的影响，造就了体育生活方式的千差万别。例如，长江中下游流域，水网密布，江河纵横，水域广阔，人们喜爱各类水上运动；在冬季，东北地区的老百姓会利用山地积雪和湖泊冰冻，开展各类冰雪运动；在内蒙古大草原，赛马、射箭和摔跤活动是人们喜爱的运动项目。因此，人们开展体育活动离不开自然环境的外部作用。虽然在科学技术现代化的今天，人类支配自然的能力越来越强，同时生活受到自然环境影响的程度也越来越低，但体育生活依然无法摆脱对自然环境的依赖。如雾霾天或大气污染时，空气中充满了各类微小而有害的漂浮物，会危害人的呼吸系统，因此，人们就会减少或取消户外活动。

但需要指出的是，自然环境对人类体育生活方式的影响是有限度的。比如，在类似自然环境中，不同人群的体育生活方式可能会不同；同一自然环境而不同时代的人们，体育生活方式也可能不同。人与自然之间的关系总是以人与人的交往为前提，也就是说，自然环境对体育生活方式的影响无法回避社会环境。在不断改造世界的过程中，人类的文明程度和认识能力不断提高，加上涉及的领域和活动范围不断扩大，自然环境对人类体育生活方式的影响力越来越弱，常常是通过人类的联动将自然环境系统和社会环境系统整合为一个系统，从而对人类的体育生活方式产生作用。所以，要深入研究人类体育生活方式，就必须从“人—社会—自然”的联系上来把握。

社会环境可以从宏观和微观两个层面来认识。宏观社会环境是相对于整个社会而言的，它涉及影响一个国家和民族的政治、经济、文化、军事、法制等关系，生产力和生产关系，社会结构和社会阶层等方面。微观社会环境涉及影响个人体育生活的外在社会环境，它是造成不同个人、不同阶层、不同社会群体体育生活方式差异的重要因素。微观社会环境包括个人收入、人际关系、家庭关系、家庭附近体育设施、闲暇时间、社会体育组织、体育传媒等。

（2）体育生活主体和体育价值观。体育生活中的人即体育生活主体。但这样进行定义似乎太过于简单。本书认为体育生活主体是处在一定社会关系中的、具有一定体育需求和体育生活行为的人和人的集合体。它涉及的范围小到个人，大到群体、阶层，乃至整个社会。所谓体育价值观是人们对体育生活的根本看法和根本观点，它会影响人们在体育生活中对各种行为活动的选择。在影响体育生活主体的行为主观意识因素方面，体育价值观的影响力远胜于民间体育风俗、体育人格特征、体育习惯等，因为它对体育生活主体的体育心理影响更直接、更具体、更深刻。一般来说，在其他条件相同的情况下，不同体育生活主体具有不同的体育价值观，他们的体育生活形式会存在差异。因此，缺少体育价值观的体育生活方式是不存在的。

（3）体育生活形式。所谓体育生活形式是指体育生活主体的各种体育生活行为的总和。体育生活形式在与体育生活方式其他三个要素相互作用时，常常会以一定的体育行为模式和行为样式展现出来。因此，观察、分析和研究某种体育生活方式的合理性时，总是可以以参与的体育活动项目情况，体育活动的时间、地点、参与人数，体育消费，体育组织情况，体育设施，体育经费，体育活动人际交往以及一系列细微的领域和特定的体育活动作为切入点。

可见，体育生活方式是一个四元素结构体，其中单一结构元素都不具备独立作用意义，只有四元素合而为一才能以整体的形态发挥其文化功能。

第二节　体育生活方式的几个基本理论问题

一、体育生活方式问题是人的问题中的一个重要问题

从古至今，人类社会的存在离不开人和人的活动。社会的人作为社会主体参与到整个社会过程，从而促成一定的社会现实，因此，社会的人就是一定社会现实的主体，而社会现实是在一定社会条件下人的能动作用的产物。可见，从历史唯物主义和理论社会学角度来看，人的问题是一个极为重要的课题。人的问题涉及众多方面，诸如人性、个性、人道主义、道德、法律、教育、体育、人的全面发展等。体育生活方式不仅展现了人的体育生活的个性和社会性，还从一个视角解读了人类的发展进程以及人与人、人与自然的辩证关系，所以体育生活方式问题是人的问题中的一个重要方面。

在体育生活方式的四个构成要素中，体育生活主体是实实在在的人，他们因自身的主观能动性而占据首要和主导的地位，这从以下几个方面可以体现。其一，人是体育生活资料的创造者。在体育生活中，各类体育生活资料是不可缺少的，然而它们也不是天生就存在的，需要体育生活主体根据自身体育需求从自然界中获取。在自然界中，能够直接获取的体育生活资料并不多，因此，人们在体育需求的引导下，发挥主观能动性，运用勤劳的双手和智慧，创造性地发明各类体育生活资料，为自己的体育生活的正常开展奠定物质基础。其二，人是体育生活方式的设计者。每一种具体的体育生活方式都应与它所处的社会环境相适应，即与其所处的生活环境、生活条件、历史时代息息相关。这样说并不是认为体育生活主体面对体育生活的客观外在条件就完全消极被动，而是根据自己的体育需求，能动地依据客观外在条件，选择适合自己的体育生活方式。其三，人是体育生活的实践者。社会生活在本质上是实践。依据这种观点，也就是说自己

的体育生活蓝图不仅是自己设计，而且也必须由自己实践。如在体育生活实践中，人只有通过生产实践去创造才能获得体育生活资料，只有通过体育生活实践才能完成体育生活资料的消费，只有通过体育生活实践才能完成体育生活方式四个要素的完美结合，只有通过体育生活实践才能形成体育生活的价值观等。其四，人是体育生活哲学的撰写者。其实，体育生活主体在体育生活实践中并非都是掌声和鲜花，同时也伴随着泪水和苦涩。经历了体育生活的酸甜苦辣，体育生活主体才会不断进行经验总结，理智地调整体育生活目标，书写人类的体育生活哲学，这样人类沿着历史长河的方向，根据不同体育生活条件，寻找到适合自己的体育生活方式。

体育生活主体虽因其主观能动性，在体育生活方式四个要素中占据主导地位，但是也不能忽视体育生活方式的外在环境对主体的影响。毕竟无论什么体育生活主体，他们总是生活在一定社会现实中，总是无法脱离与社会环境和自然环境的联系，也无法摆脱一定生产关系、社会关系和自然环境的制约。但需要指出的是，各种生产关系和社会关系又是通过人类的各种社会行为或社会活动的共同作用形成的。不同社会历史阶段的体育生活主体，会根据自身的体育需求，对社会环境和自然环境的影响进行一定的评价、选择、过滤、加工、改造等，并逐渐融入主体的体育生活形式之中。同时，体育生活主体的体育生活形式所发生的改变，也会直接或间接影响社会环境和自然环境，从而促进外在环境更加适应主体的体育需求。

总的来说，对体育生活主体与外界环境的辩证关系进行论述，一方面是要展现人的体育生活方式是如何形成和演变的，另一方面是为揭示体育生活方式现代化的运行机制和规律打下坚实的基础。虽然体育生活主体的体育活动方式是在一定的外界条件下进行的自觉能动作用的体现，但不能简单地将体育生活方式视为体育生活主体的体育生活形式，这是因为体育生活方式是一个系统，不仅包含体育生活方式的四个要素，也包含体育生活方式运行机制、规律、体育需求、文化功能和类型等。所以，体育生活方式是一个多层次的综合性的理论范畴，要理解体育生活方式这一理论范畴，必须探讨它复杂的内容和结构层次。

二、体育生活方式具有诸多层次

（一）体育生活主体的多层次体育需求

人们选择和参与各种形式的体育活动并非随意，而是在一定外界条件下，依据各自的体育需求来实施。一般来说，在体育需求的推动下，体育生活主体必然与外界条件中的人、物、财、信息等体育生活资源进行各种层次的联系，从而使人类的体育生活内容丰富多彩。千百年来，人类的体育需求总是随着社会和历史的发展而发展，这使得人类的体育需求呈现出层次性。体育需求之所以会呈现出层次性，与其作为人类需求的一部分有关。恩格斯将人的需求由低到高分为三个层次：生存、享受和发展需求。生存需求是低层次的需求，它是为了维持人的基本生活的需求；享受需求是较高层次的需求，它是进一步满足人在物质生活和精神生活方面快感的需求；发展需求是更高层次的需求，它是提高和发展个人素质和潜力的需求。马斯洛的“需求层次理论”将人的需求分为五种：生理的需求、安全的需求、归属与爱的需求、尊重的需求、自我实现的需求。这五种需求根据层次高低分为：低级层次——生理的需求和安全的需求，它们主要通过外部环境所提供的资源就可以满足；中级层次——归属与爱的需求，高级层次——尊重的需求和自我实现的需求，它们全部或大部分要通过主观因素才能实现。“需求层次理论”告诉人们当低层次的需求得到满足，才可能对较高层次或高层次的需求提出要求；某人在某一时期，可能会有多种需求，存在重叠，但是这几种需求中只有一种需求占支配地位，并对人的行为起到主导作用，而其他次要需求并不会因主要需求的存在或发展而消亡，只不过次要需求对人的行为的影响程度会减弱。

依据马斯洛的“需求层次理论”划定人类需求的标准，体育需求该划在哪一个层次呢？《中国群众体育现状调查与研究》一书对体育人口参加体育活动的动因进行了归纳分析，其中包括为了增加体力和健康，为了散心解闷，休闲娱乐，为了和朋友、同事交流，为了精神情绪的修养和改善，与家人接触，等等[①]。由此可以发现，人的体育需求内容主要是精神性的中高级阶段需求，当然也包括部分物质性、生理性低级阶段需求，但总的来看，体育需求还是属于较高或高级层次需求范围。

(二)现代体育生活方式的多元文化功能

体育需求是人类体育生活的起点。因为有体育需求，人类才有了体育生活，所以，体育需求是体育生活方式运行机制的重要因素之一。体育生活方式属于文化生活方式中的一种，它有着众多的文化功能，而这些文化功能是用来满足人们各类体育需求的，因此，能否满足人们的体育需求成为体育生活方式系统运行机制中的一个重要关系和制约力。可见，人类的体育需求与体育生活方式的文化功能之间具有非常密切的关联。可以说，人类的体育需求是体育生活方式文化功能存在的基础，而体育生活方式的文化功能在于满足人类的体育需求。体育生活方式的文化功能总是随着人类体育需求的改变而发生改变，若体育生活方式文化功能的改变能继续满足人类体育需求的改变，那么这种体育生活方式将维持下去；若体育生活方式文化功能的改变不能再满足人类体育需求的改变，那么这种体育生活方式将逐渐消亡。这里提出人类体育需求与体育生活方式文化功能之间的关系，主要是为了说明体育生活方式文化功能的重要性，而对于它们之间关系的深入诠释，将在后面章节中进行。这里先分析体育生活方式具有哪些主要文化功能。体育生活方式的文化功能取决于体育生活方式本身的结构、特点和人类的体育需求，体育生活方式的文化功能除了反映体育生活方式本质的强身健体自然属性之外，还包括以下几个方面。

1.健身

健身功能是体育生活方式最本质的功能。这是因为人们在各类体育活动中，通过有意识的、长期的、科学的参与，可以改善和提高参与者中枢神经系统的能力，使人头脑清醒，充满活力；可以促进人的运动能力，增强人的身体素质；可以促进于青少年的生长发育；可以提高人的内部器官

① 中国群众体育现状调查课题组.中国群众体育现状调查与研究[M].北京:北京体育大学出版社,1998:230-235.

功能；可以提高人对疾病的抵抗能力和免疫能力，延缓衰老；等等。

2. 休闲娱乐

从古至今，体育之所以可以融入人类的生活中，休闲和娱乐两个功能发挥着重要作用。原始社会，人类在狩猎之后，常常聚在一起进行嬉戏活动；奴隶社会和封建社会，人类会在重要节庆、人生礼仪、宗教活动中开展各类民间或民俗传统体育活动，虽然活动主要是为了祭祀和庆祝，但是在长期发展演变中，却被赋予了更多的休闲娱乐特征，如舞龙灯、舞狮灯、赛马、打马球、划龙舟等；当前，人们生活中的体育活动不仅仅限于民间或民俗传统体育活动，而是创造出更多的现代体育活动形式，如五人制足球、街头篮球、沙滩排球、徒步旅行、山地自行车、攀岩、蹦极等，这些体育活动形式不仅丰富多彩，而且娱乐性、休闲性更强更突出，可以使人们在体育活动中体验到快乐，并升华为自尊心、自信心、自豪感。

3. 社会情感交流

人类参与各类体育活动总是充满了丰富的感情色彩，所以参与体育活动成为人类高级情感活动的重要组成部分。现代社会，人与人、社会团体与社会团体、民族与民族、国家与国家之间的关系乃至人、社会团体、民族与国家四者之间的关系，既有合作又有竞争，既有相互促进又有相互制约，这使得国内外社会都存在一些不稳定和不和谐的因素。然而，体育活动却是强调人与人之间的平等交流与合作、公平竞争、团队精神，注重自信感和荣誉感的建立，可以促进和维持人类关系的稳定和和谐。一场紧张而又激烈的羽毛球比赛后运动员之间的握手与微笑、户外登山运动的团队合作、乒乓外交等现象，都是人类参与体育活动寻求心理平衡、释放压力、增强自信、加强交流等高级社会情感功能的重要体现。

4. 传承和保护体育文化

体育生活方式与体育文化之间具有重要的关联。体育生活方式是传承体育文化的重要载体之一，这是因为体育生活方式总是要通过某一群体的体育生活条件、体育生活主体、体育价值观、体育生活形式等四个要素来展现一定群体的体育物质文化和体育精神文化。也可以说，某一群体的体育生活方式维系与否直接关系到这种体育文化的传承与保护。传统体育生活方式通常是以传统、朴素、单一的方式出现在一定区域的特定群体生活中。当前，随着以理性主义为基础的现代性因素的不断渗入，越来越多的传统性因素不断从人们的体育生活方式中被“清除”出去，人们体育生活方式的现代性越来越强，而传统性越来越淡。传统体育生活方式的逐渐消亡与传统体育文化的传承能力不断弱化具有非常高的正相关性。可见，传承好某一传统体育生活方式对于保护某一传统体育文化是十分必要的。

5.经济功能

体育生活方式虽然不能像农业生产、工业生产等经济活动那样进行直接的物质创造，但是其经济价值不容小觑。它的经济价值表现在以下两个方面：其一，人们通过保持健康、科学、合理的体育生活方式，来促进人在身体、心理和社会三个方面的健康，从而降低发病率和死亡率，提高劳动者的生产积极性和劳动热情，提高劳动生产效率，强化团队意识，增强协作精神，等等，进而间接实现对经济生产活动的帮助。其二，体育生活方式隶属于社会体育管理范畴，因此，某些体育活动的开展必然有利于社会体育产业部门的经营活动，如一些居民常常会到社区附近的经营性羽毛球馆进行消费，同时居民为了参与羽毛球活动，还需购买羽毛球、羽毛球拍等体育装备，可见人们体育生活方式的形成可以成为促进我国体育产业发展的重要力量。同时，因其对体育产业的有效推动，又间接地增加了我国城乡居民的就业机会。

此外，体育生活方式还具有其他功能，将在后文谈农村体育生活方式变迁时再详细介绍，这里不再赘述。

（三）体育生活方式的多层次内容

人的各种体育生活，与人的多层次体育需求和体育生活方式的多元文化功能密不可分。随着社会、经济的发展和人类的不断进步，人的体育需求和体育生活方式功能也不断发生改变。正如马克思所说，已经得到满足的第一个需要本身、满足需要的活动和已经获得的为满足需要用的工具又引起新的需要。所以，当前我国政治、经济、文化的快速发展，人的体育需求和体育生活方式文化功能的多样化和多元化，必然造成体育生活方式内容的日益丰富，并呈现复杂化现象。从这个意义上说，人的体育生活方式内容的演变历史，就是人的体育需求和体育生活方式文化功能的形成、更新和不断发展的过程。同时，人的体育生活作为生活内容的一部分不可能脱离一定的社会关系系统。一方面，人的体育生活会与各种体育设施、体育场馆、体育器材、体育志愿者、体育俱乐部、体育社团甚至家庭人口和经济收入等诸多因素发生不以人们意志为转移的物质关系；另一方面，人的体育生活会受到各种社会文化和意识因素的影响，其中包括文化、道德、思想、政治、教育和宗教等。可见，人作为体育生活方式的主体总是处于这样一个错综复杂的社会关系系统中，会常常“扮演”不同的社会角色，涉及不同的体育生活领域，从而形成体育生活方式的各个层次和方面。

人们的体育需求和体育生活方式文化功能的多样性和多元化，以及体育生活所处的复杂的社会关系系统，都使得体育生活方式的内容呈现出多层次性。因此，从不同角度都可以对体育生活方式的内容进行分层，而且角度不同，体育生活方式层次结构内容的划分也不一样。下面将从人的生活时间构成角度对体育生活方式内容的主要层次进行划分。在划分之前首先要厘清几个相关概念。

（1）生活时间构成。马利欧·科戈乙（Mario Cogoy）在他所撰写的《消费者作为社会和环境行动者》一文中写道：劳动时间和享受时间这两类时间划分了人的生活时间，劳动与消费是相互对立的——消费是生活的享受，而劳动则是满足生活享受的必要的工具性活动[①]。在他的观点中，将两种劳动进行了区分——生产劳动和消费劳动。生产劳动是一种经济领域内发生的经济活动，人们通过生产劳动可以生产和制造出产品。消费劳动中虽然也包含了“劳动”两字，但该“劳动”并不生产商品，它是一种发生在经济领域外，如在超市购物、家务劳动等维持消费过程中所产生的、必不可少的劳动，而其大部分消费劳动的劳动报酬并不被人们认可[②]。由于劳

① COGOY M.The Consumer as a Social and Environmental Actor[J]. Ecological Economics, 1999, 28(3):387-398.

② COGOY M.The Consumer as a Social and Environmental Actor[J]. Ecological Economics, 1999, 28(3):387-398.

动包含了生产劳动和消费劳动两个方面的内容，所以，科戈乙又进一步将人的生活时间划分为生产劳动时间、消费劳动时间和享受时间三个部分。这里需要提一下“休闲时间”这一概念，因为在生活方式领域进行研究时常常会使用这个概念，所以需要辨析休闲时间和享受时间二者之间的关系。休闲时间是指生产劳动与维持生命活动的生活必要时间（如饮食、睡眠等所需时间）以外的由个人自由支配的时间。由此可以发现休闲时间等于消费劳动时间和享受时间之和，也就是说享受时间就是除了消费劳动时间以外的休闲时间。

（2）劳动生活方式与体育生活方式。多年以来，很多学者对将劳动生活方式纳入生活方式范畴持否定态度，他们认为人的生活方式是研究生活资料如何消费和闲暇时间如何支配的问题。然而学者董鸿扬提出了自己的观点，他认为上述学者产生否定观点是因为没有辨析清楚劳动生活方式与劳动方式之间的差异性。其一，二者分别属于不同内容范畴。前者是生活方式范畴体系中的一个概念；后者是生产力范畴体系中的一个概念，反映生产力与生产关系结合的具体方式。其二，前者概念中的劳动者是作为主体而存在，强调劳动者的劳动心理、劳动观念、劳动性质、劳动态度等，突出了劳动者的主体性；后者概念中的劳动者是作为客体而存在，将劳动者仅仅视为一群具有劳动技能的生产要素，而忽视他们的主体性。其三，从目的来看，前者是为了寻找完善劳动主体机制的途径，激发劳动主体的能量，促进社会生产力的发展和劳动者自身的发展；后者是为了寻找到生产力与生产关系结合的最佳的具体方式，以提高社会生产力①。

董鸿扬还提出，原始社会、奴隶社会和封建社会时期，因生产力的低下，人们为了获得生活资料不得不花费大量的时间进行劳作，从而劳动成为那个时代人类生活的主要内容。在生产劳动时间里，劳动生活方式中存在着一种劳动体育生活方式（后来很多劳动体育生活方式演变为体育生活方式），诸如用火铳和箭打猎、骑马追逐猎物、用牛和马耕地或运输粮食、爬悬崖采药、背稻谷、钓鱼等原本都是古人为了获取生活资源而进行的劳动行为。现今，社会生产力的不断提高，科学技术的大量采用，劳动工具

① 董鸿扬.生活方式应包括劳动生活方式[J].社会学研究,1988(2):121-122.

的不断现代化，使得很多传统劳动工具和传统劳动生活因不适应社会的发展而逐渐被淘汰，取而代之的是现代化的工作机械、交通工具、种植和养殖等。不过已被淘汰的劳动体育生活方式并没有完全消失，今天在一些偏远或欠发达地方，某些劳动体育生活方式依然存在，仍延续着劳动生活方式的特点，这与那些地区的自然环境限制、生产力较低以及科学技术使用率不高有关。在现代社会背景下，还有些被淘汰的劳动体育生活方式已经演变成各类体育生活方式，如农村运动会开展的农民背大米比赛、登山、骑马、钓鱼、攀岩或露营等。可见，随着社会生产力和科学技术的提高，某些劳动体育生活方式逐渐失去劳动价值，于是人类对其进行改造，将其从劳动体育生活方式中分离出去，又在一定的社会条件制约下和一定的体育价值观指导下，逐渐将其改变为休闲时间里开展的体育生活方式（个人体育生活方式、家庭体育生活方式和社会体育生活方式）中的一部分。

解读了生活时间的构成，明晰了发生在生产劳动时间里的劳动生活方式（包括劳动体育生活方式）与体育生活方式的关系之后，下面将在休闲时间构成的基础上，对体育生活方式诸多层次的内容进行划分。不过，先要提一下体育消费劳动生活方式。体育消费劳动生活方式是指体育产品离开生产过程后，进入享受阶段前，即消费劳动时间里，体育生活主体为消费体育产品所做的必要的辅助性劳动方式。一般来说，它包括两方面内容：其一，人们在消费体育产品之前，需要做相关的准备和加工工作，如购买体育用品和服务、体育用品的运输、体育用品的安装和调试等；其二，为了保证体育产品的重复使用，需要做相关的维护工作，如体育产品损坏后的修理、体育产品的售后服务和维护、体育产品的清洁护理、体育服务的续约和升级等。可见人们在体育消费劳动时间里并不生产商品，只是为了满足各类体育需求而进行体育产品消费享受前的辅助和补充劳动活动。体育消费劳动生活方式因体育生活主体的数量特征，可以分为个人、家庭和社会体育消费劳动生活方式三种类型。而个人、家庭和社会体育消费劳动生活方式分别与个人、家庭和社会体育享受生活方式一起构成个人、家庭和社会体育生活方式（见图1-1）。

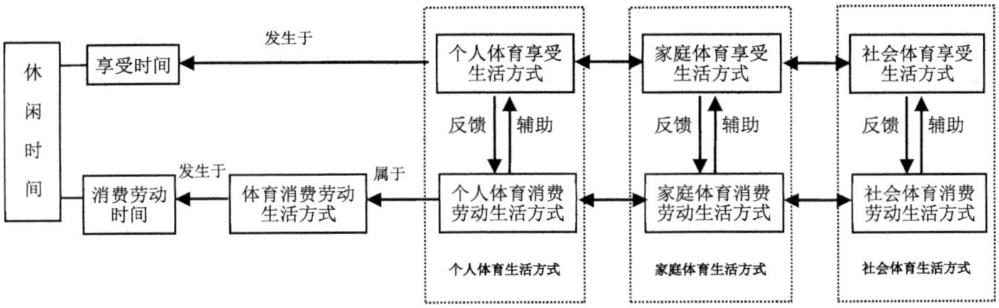

图1-1 休闲时间构成视角下的体育生活方式各层次内容

1.个人体育生活方式

它是指在休闲时间里，个人为了提高自我体育生活质量，寻求健康、娱乐、社会情感等目的的体育生活方式。根据休闲时间构成，个人体育生活方式的内容包含了个人体育消费劳动生活方式和个人体育享乐生活方式两个方面的内容，而后者是个人体育生活方式的主体内容。在个人体育生活中，每个人都可以开展体育消费，并在消费中或在体育休闲活动中，尽情地享受体育生活所带来的健康、娱乐和社会情感等功能，以使个性得到全面的发展。从个人体育生活所涉及的体育项目来看，主要是休闲类，诸如强调刺激且时尚的蹦极、高山自行车速降、攀岩、异装飞行、小轮车等，运动量大且竞争性强的足球、篮球、排球、网球等，运动量小、趣味性高且竞争性不强的门球、气功、登山、棋牌、垂钓、跳扇舞、打腰鼓、扭秧歌、交谊舞等。

2.家庭体育生活方式

它是指在休闲时间里，为满足家庭成员的体育需求，家庭成员中的两人或多人自愿参与的体育生活方式。家庭体育的内涵是从家庭的概念中引申出来的。家庭是以婚姻和血缘关系为纽带的社会生活组织形式，因婚姻和血缘这两个纽带的维系，家庭成员中包括夫妻、爷爷奶奶、外公外婆、父母子女、兄弟姐妹等。一般来说，家庭成员具有在生活上保持共同性和互助性、在经济和人际关系上保持密切性等特征。从家庭的功能来看，具有繁衍、抚养和教育下一代，供养和孝敬老人，照顾病、残、老、弱的家庭成员，维系家庭成员在情感上、精神上、文化上、身体上的亲切互动和交流等功能。体育生活具有健身、文化娱乐、维系情感等方面的功能，所以体育融合到家庭生活中是十分契合的，甚至还衍生出其他的功能，诸如丰富家庭生活内容，促进家庭成员情感交流，促进家庭的稳定，等等。不过，从家庭体育生活方式所涉及的体育项目来看，家庭成员可能存在病、残、老、弱的情况，所以为了安全起见，刺激类的体育项目不易在家庭开展。

3.社会体育生活方式

它是指在休闲时间里，社会体育组织为满足社会成员的体育需求，组织社会成员参与的体育生活方式。社会体育生活方式与个人、家庭体育生活方式类似，包括社会体育消费劳动生活方式和社会体育享受生活方式两个方面的内容。自从有了人类社会，任何人都离不开社会，离不开社会组织，也离不开各类社会活动。作为人类社会活动的一部分，社会体育生活成为一种常态的社会现象。在中国古代，宗族祭祀体育活动就是一种典型的社会体育活动，是传统社会体育生活方式之一。在安徽省黄山市歙县汪满田村，几百年来一直传承着一项民俗体育活动——嬉鱼灯，每年正月十三到十六，这个村子会举行嬉鱼灯活动。为了能够顺利开展嬉鱼灯活动，村民们设立了一个叫“鱼灯会”的民间组织。村民们在鱼灯会的组织下，自愿捐款，积极参与，以祈求来年的“国泰民安”“五谷丰登”。新中国成立后，单位体育生活成为计划经济时期主要的社会体育生活形式。然而社会在不停地发展，人们社会体育活动的性质、内容、范围、形式也在不断变化。改革开放后，特别是21世纪以来，城市里出现了很多由官方组建和民间自发组织的现代体育项目社会团体，如篮球、体育舞蹈、登山和马拉松等协会和俱乐部，这些协会和俱乐部常常会利用节假日组织会员或喜爱体育活动的人们开展各类体育活动，为新时期社会体育生活方式添上了浓墨重彩的一笔。

在社会体育生活方式中还存在着“政治体育生活方式”，它不仅是社会体育生活方式的最高层次，也是体育生活方式中的最高层次。因为政治生活涉及国家的根本利益，必然会制约其他社会生活。虽然作为最高层次，政治体育生活方式可以影响到个人、家庭和社会体育生活方式，但这绝不意味着政治体育生活可以代替其他体育生活。

三、体育生活方式是由有一定联系的各层次内容所构成的整体系统

人们的体育需求是多层次的，体育生活方式的文化功能和内容也是复杂的、多层次的，所以，若想对体育生活方式有一个全面的认识，就应从整体系统上来认识和把握体育生活方式。体育生活方式中各个层次和方面，并不是各自孤立、互不干涉的，而是有一定联系的整体。从休闲时间角度来看，体育消费劳动生活方式发生在消费劳动时间里，为体育生活主体充分享受消费体育产品做好必要的辅助性准备活动；个人、家庭、社会体育享乐生活方式发生于享受时间里，并不时地向体育消费劳动生活方式发出反馈信息。虽然个人、家庭、社会的体育消费劳动生活方式和体育享乐生活方式分别发生在休闲时间的不同时间段中，但消费劳动时间和享受时间统一于休闲时间，两个时间段所发生的不同层次的体育生活方式的辅助和反馈关系使得体育生活方式各层次内容构成一个整体系统。

体育生活方式是由各层次内容构成的整体系统。同样，每一层次的内容也是由若干部分、要素和环节组成的，它们相互联系、相互影响，成为整体系统下的分支系统。依据科戈乙的生活时间划分观点，体育生活时间应包括生产劳动时间、消费劳动时间和享受时间。当前国内更关注的是发生于休闲时间（消费劳动时间和享受时间）段的体育生活方式，本书认为个人体育生活方式、家庭体育生活方式和社会体育生活方式既是体育生活方式的三个层次内容，同时每个层次内容也是体育生活方式整体系统的分支系统。

虽然从系统角度来看，体育生活方式系统是包含多层次内容且内在关系复杂的系统，但从其外部表现特征来看，由于受到各种因素的影响，在日常体育生活中，它常常表现为极其细小琐碎的体育活动，而且极容易变动，表面上看起来往往带有很大的偶然性、不确定性。不过外在表现特征的细小琐碎和错综复杂却隐藏着其内在的规律和本质特征，因而体育生活方式的内在规律和本质特征就体现在体育生活方式的各层次、方面、部分、

环节、要素的相互关系中。因此，要揭示体育生活方式的内在规律和本质特征，仅仅从个别要素或环节，或仅仅将体育生活方式视为一个整体系统都是非常片面的。要准确认识和区别不同个人、不同社会群体、不同社会形态的体育生活方式，一方面须将体育生活方式视为一个整体系统来考察，另一方面还必须明晰每一个体育生活方式整体系统中的各个层次、方面、部分、环节和要素的性质、数量以及它们之间的联系。

人与人之间的体育生活方式所存在的差异，很大程度上源于体育生活方式内部结构上的差异。体育生活方式内部结构上的差异源于两个方面：一是体育生活方式主要层次、方面相互结合所造成的差异，二是各层次、方面中的部分、环节、要素之间的结合所造成的差异。在同一种类型的体育生活方式中，人与人之间的体育生活方式也存在差异，这种差异往往是各层次、方面中的部分、环节、要素之间的结合的差异造成的。而不同类型或不同性质体育生活方式之间所呈现的差异，主要是由于各类型或不同性质体育生活方式内部结构的各主要层次、方面结合时存在差异造成的。不过每一个层次、方面中各部分、环节、要素的结合方式不同，所发挥的作用也不相同，这是因为各部分、环节、要素的结合情况直接影响其所在层次、方面本身的结构特点，从而间接影响到整个体育生活方式的特点。

体育生活方式的结构是多层次和多元的，体育生活方式各层次拥有实现和满足人们各种体育需要的文化功能，并形成相对独立的内容。因此，各层次、各方面之间既相互联系、相互依赖，又存在着种种相互制约的因素。体育生活方式的内部矛盾，总是体现为各层次的地位与作用的不平衡，并且在不同时间、地点和条件下，它们的地位与作用又不断发生变化。

虽然体育生活方式内部结构存在许多矛盾，但是体育生活方式子系统的基本结构与整个体育生活方式的基本结构具有一定的稳定性。这种稳定结构，既保证了体育生活方式系统及其子系统的形成，又可以充分发挥体育生活方式及其各层次的功能。而人的体育生活方式一旦形成，就会有一定的“惰性”，成为一种体育生活习惯和伦理化的体育生活规范。体育生活习惯和伦理化的体育生活规范会不断调节人们在日常体育生活中的偏离状况。即使如此，在体育生活中，体育生活方式的“惰性”也无法阻止某个或某些要素本身发生变化。虽然某个或某些要素的变化时常发生，但是只要整个结构的主要层次和主要方面之间的相互联系、相互制约关系依然如故，那就不影响整个体育生活方式的性质和基本特征。这时某个或某些要素的变化仅仅是局部结构上的变化，也只是量变。相反，只有体育生活方式的基本结构即主要层次、方面之间相互联系的性质和方式发生了变化，体育生活方式的性质和基本特征才会发生根本性的改变，即发生质变。不过体育生活方式的质变过程不是轻而易举的，取决于导致这种根本性变化和形成另一种类型生活方式的一系列主客观条件的出现及其作用。

四、体育生活方式的特殊性与共同性、变异与传承

从体育生活方式内容属性的相互联系与关系来看，任何体育生活方式都包含着共同性的特殊化的体育生活方式。不同国家、不同民族、不同区域、不同阶层、不同个体之间，根本不存在完全相同的体育生活方式，这是体育生活方式特殊性的重要表现。不过，在这些不同的体育生活方式中，它们总是存在着横向联系和共同性。因此，不同国家、不同民族、不同区域、不同个体之间才能够进行各种体育文化交往活动。如不同国家的人可以在一起踢足球、打篮球、下国际象棋，中国的少林武术文化风靡全世界，吸引众多热爱武术的外国人来中国学习武术，等等。可以说，人类的体育生活方式如果没有一些基本的共同点和由此形成的横向联系，就没有人类的体育生活方式。不同的体育生活方式有如此众多的共同性，是因为人类都生活在地球上，地球和生物圈是人类共同的家园，地球上的人类也总是生活在一定的社会机体之中，社会经济、政治、文化结构的相似性，构成了人类共同的体育生活社会环境。人类体育活动的起源、功能、形式等特征的现实性，可以成为任何人、任何社会群体、任何民族、任何国家的体育生活的一部分。另外，这些不同体育生活中的精神层面，如体育道德、体育意识、体育文化等都存在相似的地方。也正是由于这些体育生活方式存在共同性，才使得在不同视角，可以将某些社会群体的体育生活方式视为一类。如不同中国人的体育生活方式存在差异是客观的事实，但相对于

和西方发达国家的体育生活方式之间的差异来说，不同中国人之间的体育生活方式存在的差异微乎其微，可以将中国人的体育生活方式视为一种特有类型。可见，同一社会群体、同一社会区域的人们，因在体育生活方式方面存在着更多相似的自然环境、社会环境以及体育生活形式等，相对于其他不同社会群体和社会区域，体育生活方式的共同性更加明显。更加明显的共同性使得同一社会群体、同一社会区域的人们的体育生活方式被视为同一类型，但与其他社会群体和社会区域的体育生活方式类型相比较，因共同性较少，差异性较大，它们可以视为两种具有不同特殊性的体育生活方式。可见，一方面，体育生活方式的特殊性以共同性为基础；另一方面，体育生活方式的共同性又以特殊性的形式表现出来，这就是体育生活方式共同性与特殊性统一的特点。

正因为不同类型的体育生活方式有着共同性，所以某种类型的体育生活方式为了获得不断发展，应当打破各类体育生活方式之间的封闭、僵化的状态，积极吸取其他类型的体育生活方式的优点和精华。

事实上，任何国家、民族乃至个人的体育生活方式，总是不断地吸收、移植其他国家、民族和个人的体育生活方式中的积极因素，并且逐渐地通过吸收、消化把它变成本国家、民族和个人的体育生活方式的有机组成部分。例如，围棋起源于中国，经过传播，现在围棋运动已经成为韩国和日本等国老百姓茶余饭后喜欢的体育生活内容之一。

随着社会的不断进步，传统体育生活方式已经不能完全适应当前社会的发展，它可以通过向先进体育生活方式学习，完成自我的不断变异和革新，使新型体育生活方式能够发挥满足人们新体育需求的新文化功能。通过学习和吸收先进体育生活方式，传统体育生活方式完成了自我变异，形成了保持传统特色的新型体育生活方式。当然新型体育生活方式可能更加适应当前的社会历史条件，但是我们也无法否认它曾经是由传统体育生活方式演变而来，因为新型体育生活方式或多或少积淀着传统体育生活方式的优秀因素，并与传统体育生活方式保持着一定的传承性和纵向联系。

第二章　我国农村体育生活方式现代化的参照点

传统体育生活方式是一种隐性而强大的力量，它使得不同国家和民族体育生活方式在追求现代化的过程中呈现出自己独具特色的特征，因此，研究我国农村体育生活方式是不可能回避农村传统体育生活方式的。中国农村传统体育生活方式是我们研究农村体育生活方式现代化的一个重要的参照点。

第一节　中国农村传统体育生活方式的特点

中国农村的传统体育生活方式有一个漫长的形成、发展的历史过程。而在大变革的当代，古老的农村传统体育生活方式正在发生巨大的变化，农村传统体育生活方式的变迁在我国社会生活方式变革中具有突出的典型意义。那么，要了解我国当代农村体育生活方式的变迁状况，则有必要谈谈我国农村传统体育生活方式的特点。

一、农村传统体育生活区域主要在村落

村落是人类社会生活和生产最主要的自然聚落空间单元和社会单元，也是人类社会形成最早的社区形式[①]。自古以来，我国就是一个农业国家，这使得建立在农耕经济基础之上的村落形成了一种超稳定结构，村落也成为中国历史上存续最为长久的社会单位。虽然各地村落自然环境、经济基

① 郭修金，虞重干.农村体育的根基：村落[J].武汉：武汉体育学院学报，2007(7)：1-5.

础、风俗文化差异较大，但在传统社会中，它们大都具有相对封闭性和内部聚族而居的特点。村落的相对封闭性不仅使村落成为一个小的固定的“熟人社会”，而且村民们在这样的“熟人社会”里自给自足自娱自乐，甚至在这样的村落里安度一生。

刘晓春认为，自然村落是民间“小传统”的传承、创造和享用的基本社区[①]。在这样的逻辑推导下，村民的体育生活区域主要在村落。在对全国多个省份的村落进行考察时，我们不仅发现这一点，而且还注意到面对村落中的传统体育生活，将村落语境中的社区生活及传统体育生活理解为一个整体的问题，选择范围较小而内部又初具系统的村落作为外部环境考察对象，不失为一种可行之策。那么，村落究竟给村民的体育生活带来了什么影响呢？下面以安徽省芜湖县崔墩“穿马灯”作为案例来阐明这个问题。

崔墩位于芜湖县西南部，青弋江下游西岸，是芜湖县陶辛镇倪家行政村的一个自然村，距芜湖县城10千米。目前该村共有200多户，1 000多人，其中96%的人家姓崔，是一个典型的主姓村。据村中老人介绍，这个村子的崔姓人本是同祖，宋元时期崔姓祖先因避战乱，从现在的河南省迁入。在对该村考察时发现，崔墩村民之间出入相友、守望相助，礼俗道德在该村处处可见，特别是在村民的观念中崔氏家族的观念依然很强，因而崔墩依旧维持着以血缘和地缘相互交错为基础的“熟人社会”。

体育生活方式就是一定的体育文化样式，在农村若要考察村民传统体育生活，观察该村的传统体育活动开展状况或者说传统体育文化传承情况是一条非常重要和便捷的渠道。因此，我们在崔墩选取了一个春节期间依然流行着的一种驱除疫鬼的傩祭活动——穿马灯进行考察研究。崔墩穿马灯就是一种傩，其渊源可上溯至《诗经》中记载的“祃祭”，即出师前祈祷胜利的“出师祭”。但据当地的灯师所说，穿马灯的起源还有两种传说：其一，明朝初期，一位归隐此地的将军根据战场上的兵法布阵和对古代英雄将领的敬仰而创作；其二，清代太平天国起义时期，受伤的太平军士兵流散隐居乡间后，遭遇瘟疫流行，便将穿马灯活动传授给当地百姓，以此来驱逐瘟神。图2-1、图2-2、图2-3、图2-4、图2-5、图2-6所示为穿马灯

① 刘晓春.仪式与象征的秩序：一个客家村落的历史、权力与记忆[M].北京：商务印书馆，2003：14.

中的各项活动及表演者。

图2-1 设坛

图2-2 马灯队

图2-3 四马亲嘴

图2-4 八马亲嘴

图2-5 十六匹马亲嘴

图2-6 关公扫堂

崔墩穿马灯几乎保持着其几百年前的“玩法”和特点。经过多次的考察，我们发现传统村落环境的完整性是其成功传承的重要因素之一，原因有以下几个方面。

(一)村落提供一个自足的文化生活空间

一般来说，村落是具有一定自足性质的生活实体，它不仅包括经济方面的自给自足，还包括某些精神方面的自给自足。崔墩为村民提供了一个可以相互沟通的紧密空间结构：各家各户紧密挨傍，既相分立又相邻近的地缘结构；亲属与非亲属之间既相区别又相交错的血缘结构；按年龄、性别、职业和承担村公共事务等组团状况划分出来的社缘结构。在以地缘、血缘和社缘为基础的紧密空间结构里，村民们“低头不见抬头见”，到处可见这样的村落生活场景，如村民们闲暇时常会相互串门闲谈，或几人路上相遇便驻足聚谈，不仅加快了村内外各类信息的传播，实现了村落信息资源的高度共享，而且也满足了村民们的精神需求。哈贝马斯认为，交往是人们精神满足的基础①。也就是说，交往越密切，人们的精神满足越充分。在村落紧密的人际交往中，村民们并不单纯满足于平日接触，他们会出现追求信仰、维护村落凝聚力和村落秩序等多方面的精神需求，从而创造、传承和享用各种村落高级文化，如遇到婚丧嫁娶、孩子满月和上大学等重要事情，家人都会向村民发帖并组织一些仪式活动表示庆祝或哀悼；遇到节日、庙会或临时举行的村落仪式活动（穿马灯活动就是其中的一种），村民们会十分愿意按照一定规矩出钱出力或担当角色，这些活动不仅充分体现了村落的集体感，而且也满足了村民们对自然、社会的认知和情感交流等精神需求。总之，种种村落生活场景和仪式活动，在数百年的历史变迁、循环反复中得以强化，外显为种种村落生活“常识”，构成了村落文化机理结构，使村落成为一个自足的文化生活空间。同时反过来，村落这样一个自足的文化生活空间，又为崔墩穿马灯活动的开展提供了生存空间。

（二）村落提供了一个相对独立的经济运行模式

任何社会组织的维持与发展，或者说任何社会活动的存在与维系，都离不开经济支持。穿马灯活动也是如此，其文化功能的发挥也离不开经济力量的支持。2011年春节期间，我们对崔墩马灯会的收入和支出情况进行了分析。从收入来看，收入总额为21 012元，其来源主要有三个方面：一是接灯村落给的礼金，它几乎占到总收入的一半；二是村民的捐款和捐物；三是村委会给予的经济和物质支持，不过这一块所占的份额较少。从支出来看，支出总额为18 340元，支出主要有三个方面：一是购买穿马灯活动

① 郑召利.哈贝马斯的交往行为理论[M].上海：复旦大学出版社，2002：83.

中所需的戏服、装备、香、鞭炮、颜料、纸张、墨汁等；二是请道士的费用；三是“吃夜餐”的费用。正月十五圆灯后，晚上马灯会所有成员以及村里德高望重的老人会聚一起摆桌共庆“吃夜餐”。根据收支两个方面的内容，我们咨询了部分村民得到以下信息：政府或其他社会主体没有对穿马灯活动提供资金，活动资金主要来自崔墩村民、村委会和接灯村落三方，资金来源相对独立；村民们对穿马灯活动的捐款和捐物都是自愿的，家里有结婚、生子、上大学的，一般捐款和捐物会比其他家庭要多出很多；马灯会成员在整个活动中都是不计报酬的，也是自愿的，而且这种自愿与捐款者的自愿的动力是一样的，都来自穿马灯的文化功能对于村民精神需求的满足。可见，由于本村村民以及接灯村落村民对穿马灯文化功能的笃信，崔墩才会存在这样一个相对独立的经济运行模式，同时也因为存在这样一个相对独立的经济运行模式，才能保证穿马灯活动的顺利开展。

（三）村落成立了一个民间合作组织——马灯会

崔墩及崔墩一带有穿马灯活动的村落，在穿马灯前一个月都会成立一个专门负责管理、组织穿马灯活动的民间合作组织，称为“马灯会”。马灯会的职责是负责组织协调活动、安排参加活动的人员、组织日常活动、接受和管理捐款和捐赠物、准备各种用品等。它是一个民间自发组织，会长通过推举产生，一般由村主任或村里威望高的长者担任较多。马灯会的产生反映出村落的集体意识较强。村落作为小群体社会，在稳定结合和充分互动的生成发展过程中，形成了共同的生活方式与习惯成自然的种种文化规范。在表层生活现象之下，潜在的是村民群体共同性的价值观念和由相通的个人感受所构成的集体认同意识。特别是当村内外发生明显矛盾冲突或为了某种目的而开展村落集体活动时，这种集体认同意识就会强烈起来，从而促使成立各类村民合作组织，马灯会就是其中之一。

通过以上分析，村落因能提供穿马灯活动所需的文化空间、经济基础和组织基础，成为开展穿马灯活动或者说崔墩村民传统体育生活方式的基本社区。同时，我们之所以特别强调农村传统体育生活方式与村落的关系，还有其他方面的考虑：其一，自古以来无数的村落组成了我国农村社会，在传统社会，无论如何对农村这个概念进行定义，都无法否定村落是农村的主体部分，而且村落是我国农村社会发展中最实在、最基层、最稳定的单元；其二，虽然村落作为农村最基本的社会单元，可以作为研究我国农村社会乃至中国社会的分析单位，但农村各类传统体育文化事象和传统体育生活方式是因时因地而异的，因此，在农村观察某种传统体育文化活动或传统体育生活方式，不可脱离村落的时空限制①。

二、农村传统体育生活中存在家族认同心理倾向

我们考察了江西省南昌县涂村舞龙活动，河南省封丘县刘王村舞狮活动，浙江省磐安县深泽乡磐安炼火活动，安徽省绩溪县伏岭镇石川村跳棋活动、黄山区仙源镇轩辕车会（见图2-7）、黄山区耿城镇辅村跳竹马活动（见图2-8）、歙县叶村叠罗汉活动（见图2-9）、歙县汪满田村嬉鱼灯活动、歙县许村大刀舞（见图2-10）和芜湖县崔墩穿马灯活动等，这些村子的村民们在“玩”这些民俗体育活动时，都有一个明显的特点——家族认同心理。我们可以从调查对象的姓氏中窥视这一点，如涂村舞龙活动的参与者多以“涂”姓为主；刘王村舞狮队是由该村的王氏宗族来组织的；深泽乡磐安炼火活动以“马”姓的村民参与最多；石川村跳棋活动中会用到五面旗子，其中该村的“张”姓、“洪”姓、“程”姓、“许”姓作为大姓分别掌管一面旗子，而其他小姓合起来分别归于一面旗子麾下；崔墩穿马灯活动中“崔”姓参与者是主角；歙县叶村叠罗汉活动非常具有保守性，该项技艺只在该村的“洪”姓男性村民中传承，从不传外或传女性；汪满田村嬉鱼灯活动的参与者分属六个祠堂，每个分祠都有自己的鱼灯会，虽然参与者都分属于不同的分祠，但他们基本上姓“汪”，并且同宗。

① 余涛，杨文茹，涂传飞，等.村落语境中传统体育的文化功能：以芜湖县崔墩穿马灯活动为例[J].中国体育科技，2011(5)：101-107.

图2-7　黄山区仙源镇轩辕车会

图2-8　黄山区耿城镇辅村跳竹马

图2-9　歙县叶村叠罗汉

图2-10　歙县许村大刀舞

为什么农村传统体育生活会出现如此强的家族认同心理倾向呢?

(一)传统体育生活彰显出家族是一个利益群体

传统社会中，以父子、兄弟为核心的男性家族是构建传统家庭的主要形式。个人的利益和需求无法脱离传统家庭的支持，因为传统家庭作为一个整体，将每一个家庭成员的利益和需求联系在一起，一荣俱荣，一损俱损。费孝通在《乡土中国》中写道:“家族是一个事业单位。”在家族这个“事业单位”中，全体家族成员因血缘关系群体、利益关系群体和生活群体而紧密联系在一起。血缘关系是全体家族成员凝聚在一起的前提条件；家业是全体家族成员的共同利益所在，是凝聚家族的物质基础。血缘关系与利益关系的紧密扭结，使传统的宗法文化历史背景下形成的宗法观念，表现为强烈的家族至上的家族主义，它使家族关系成为极其坚韧的纽带，使家族成为封闭性的利益群体[①]。因此，传统社会中，家族这个“事业单位”，不仅是一个生活共同体，还是一个生产共同体；家庭成员之间有着无法摆脱的利害关系；家族成员的家族至上观念和家族主义是普遍存在的现象，

① 王玉波，翟明安.超越传统:生活方式转型取向[M].北京:京华出版社，1997:25.

同时也是传统社会价值体系中的一个重要组成部分。如前文所述，芜湖县崔墩即具有这些典型特征。我们找到该村的村主任进行了访谈，当被问及该村为什么在春节期间要举办穿马灯活动时，他回答："穿马灯是一种傩，过去据村子里的老人讲，穿马灯有驱邪避灾和祈福的作用。"客观来说，村主任的回答更多的是封建迷信，但从维护村落或家族利益角度来看，春节期间举办的穿马灯活动是为所有村民谋取公共经济利益的集体行动。穿马灯活动传承至今已有两百年的历史，我们在领略这一民俗传统体育文化表演时，总能依稀感受到它的乡土气息，总能依稀领悟其以"一荣俱荣，一损俱损"为价值标准的家族观念、家族主义[①]。

（二）传统体育生活彰显对祖先和宗族的认同

中国传统体育生活对家族利益的维护，导致其对祖先和宗族的认同，这也是中国传统体育生活方式的一大特点。这种特点源于中国人的一种传统文化心理——"尊祖敬宗，所以报本"[②]。中国人认为祖先是血源之本，"祖宗，人之本也，族人，吾族一本之所分也"[③]。为了"报本"，就产生了崇拜祖先的心理。对祖先的认同，还包含着认为后世子孙享有的一切，都是祖先辛勤积累和盛德保佑的结果等内容[④]。传统农业社会中，由于小农经济和低下的生产力水平，农民缺少力量和物质，难以形成生产力方面的技术革新，他们按照历代祖先传授给后嗣的经验和生产技术，进行农田管理和耕作，因而"以农为本"人格化为"以宗祖为本"，导致人们认为"人所以传家守业，世泽绵长者，无不由祖宗积累所致，故为子孙者，不可一日忘祖"[⑤]。正是这种农业文化形成的宗法观念，导致人们对祖先和宗族的感恩戴德和无限崇敬之情。这样"绍祖德""遵祖训"就必然导致无条件地世代承传祖先制定的道德规范和祖先时代形成的生活模式（包括体育生活

① 余涛，杨文茹，涂传飞，等．村落语境中传统体育的文化功能：以芜湖县崔墩穿马灯活动为例[J]．中国体育科技，2011(5)：101-107.

② 王玉波．传统的家族认同心理探析[J]．历史研究，1988(4)：18.

③ 王玉波．传统的家族认同心理探析[J]．历史研究，1988(4)：18.

④ 王玉波．大樊笼·小樊笼：中国传统生活方式[M]．北京：中国新闻出版社，1989：60.

⑤ 王玉波．传统的家族认同心理探析[J]．历史研究，1988(4)：19.

方式）。

安徽歙县汪满田村（见图2–11）在每年的正月十三到正月十六兴鱼灯，名曰汪满田鱼灯（见图2–12）。汪满田村地处歙县东部深山区，该村有“汪”“程”“叶”三姓，村民隔河沿岸聚居。鱼灯活动肇始于清光绪初，缘起是村中木架屋，时有火灾发生。有风水先生言，祸根乃村前光滑大石塌——“火镜石”所致（见图2–13），“程”姓、“叶”姓屋尤易起火，因“程”“叶”乃“禾”傍、“草”顶，易起火。“程”姓、“叶”姓屋起火，“汪”姓屋殃及，遂以支堂房派为单位，兴鱼灯会在每年正月十三至十六，以鱼灯游村，“滩花戏水”，以水克火，当地人称“嬉鱼”。汪满田村的“汪”姓有一个总祠（见图2–14）和五个分祠，每个祠堂都有自己的渔会，分别是总祠渔会、祠堂分会、上六家渔会、枝园渔会、田街渔会和黑村渔会，这些渔会是每个祠堂或分祠兴鱼灯的组织管理机构。虽然从组织管理和运作上来看，以上六个渔会没有多大差异，但是从每个渔会所扎的最大鱼灯看，总祠的与其他五个分祠的不同，因为总祠扎的是一盏“鲤鱼化龙”灯（即龙头鱼身灯），十分别致，意谓鲤鱼刚跳过龙门，变成龙头，即将化龙飞去，分祠渔会的鱼灯却是普通的鲤鱼灯。从最大鱼灯的差异上看，很明显总祠与分祠在地位上存在巨大差异，甚至在游灯时，出灯顺序都是按总祠、分祠尊卑排好队列。每一盏鱼灯游到总祠门口时，都会朝着祠堂摆头三次，这是村民们向祖先拜年，报告本村人人健康、风调雨顺、年年有余，并希望祖宗能够继续在新年里保佑健康、祛病消灾、风调雨顺、农业丰收、生意兴旺。可见，汪满田村的鱼灯活动充分体现了村民们对祖先的感恩戴德和无限崇敬之情。中国传统文化特别是其中居主导地位的儒家文化，建立了祖先崇拜的系统理论和一系列相关的礼制、礼仪，从而使祖先崇拜进一步深入人们的精神世界，内化为牢固的信仰，外化为多姿多彩的传统生活方式。

图 2-11　汪满田村

图 2-12　汪满田鱼灯

图 2-13　火镜石

图 2-14　总祠

传统体育生活彰显出对祖先和宗族的认同的同时，衍生出另一种现象——传统体育生活的保守性。对祖先和宗族的认同，既包括对本家族或本宗族的认同，也包括对外家族和外宗族的排斥。对祖先和宗族的认同和对外家族和外宗族的排斥在传统体育生活中比比皆是。

三、农村传统体育生活主要在传统民俗节日开展

德国哲学家胡塞尔基于科学世界提出的“生活世界”观点，把“生活世界”看作人们经验到的世界和日常的世界。也就是说，生活世界是人本来的世界和人类世界的基本领域，是普通人的世界和人的普通世界。民俗事实上构成了人的基本生活和群体的基本文化。无论何时何地，任何人和群体只要有自己的生活，就会有自己的民俗。民俗之“民”可以指任何人和群体。何谓民俗之“俗”呢？这是由人类在社会实践中约定俗成，具有

习惯性定势，具有鲜明的民族、地域特色的行为模式[①]。

我们可以说，生活世界形成民俗的世界，民俗的世界又构筑了生活世界。按照这种观点，也可以说农村传统体育生活世界形成民俗传统体育世界，同时，民俗传统体育世界构筑了农村传统体育生活世界。在我国农村，自古以来，人们的体育活动总是围绕着传统民俗节日开展的。中国56个民族，汉族人口众多，其他55个均为少数民族。我国少数民族总人口占全国人口的8.49%[②]，且大部分人口居住在山区或农村。各个民族在长期的历史发展演变过程中形成了丰富多彩的传统民俗节日，如汉族有除夕、元宵节、填仓节、寒食节、清明节、牛王节、端午节、七夕节、中元节、中秋节、重阳节、祭祖节、下元节、腊八节、祭灶节、扫尘日[③]等近20个主要传统民俗节日，苗族则有苗年、四月八、花山节、吃新节等传统节日，壮族也有歌婆节、吃立节、过壮年、鱼花节等传统民俗节日。一般来说，我国各个民族的传统节日大体上分为以下三种：

其一，年节。在对很多村落的调查中发现，传统民俗节日都验证了“民俗传统体育构筑了农民的传统体育生活”这一观点，而且大部分民俗传统体育活动开展于春节期间（包括元宵节）。春节期间，农村的娱乐文化活动丰富多彩，具有典型的综合性，农民们会将美食、服饰、舞蹈、歌曲、民俗传统体育、宗教等众多生活内容展示出来。民俗传统体育活动是春节期间农民的主要活动内容之一，如春节期间舞狮在全国各地开展得非常普遍。例如河南省封丘县刘王村的舞狮活动，它是北方狮子舞的一种，表演时共有两头狮子：一头大狮子和一头小狮子，大狮子由两人合作扮演，小狮子由一人扮演，一名武士手持绣球作为引导，通过一系列的拳踢动作，引诱狮子起舞。舞狮动作有跌扑、翻滚、跳跃、搔痒、抓耳等，还有滚绣球、过跳板、上楼台等技巧动作，生动活泼，吸引众人前来观看。在安徽省芜湖市繁昌县繁阳镇新合村的神圣山，每年从正月初一开始一直到元宵节，来自本县以及附近南陵县、芜湖县、铜陵县上百条龙灯汇集于此表演

① 李淑贞.现代生活方式与传统文化教程[M].福建：厦门大学出版社，2005：413.

② 国家统计局.第六次全国人口普查[EB/OL].http://baike.so.com/doc/2224717-2353991.html.

③ 周秀梅.中外节日礼仪大全[M].北京：中国戏剧出版社，2005：1.

祭奠天花圣母，以求得来年的风调雨顺、五谷丰登。届时人们盛装而至，满山龙灯川流不息，场景十分壮观，这就是繁昌县“群龙朝神山”民俗祭祀活动（见图2-15）。

图2-15 繁昌“群龙朝神山”

春节期间，我国很多少数民族都会开展传统体育活动，而且内容丰富多彩。表2-1列举了春节期间我国部分少数民族开展的部分传统体育活动。

表2-1 春节期间我国部分少数民族开展的传统体育活动一览（部分）

民族	传统体育活动
仡佬族	“打花龙”或“打篾鸡蛋”
普米族	赛马、打靶
达斡尔族	曲棍球赛、颈力赛、赛马
布朗族	圆圈舞
苗族	跳芦笙、斗牛、踢脚架、耍大刀、斗牛
土族	赛马、摔跤、武术

其二，纪念性节日。我国在纪念性节日开展的传统体育活动也很多，表2-2列举了安徽省部分农村开展纪念性传统体育活动的情况。

表2-2 安徽省部分农村开展纪念性传统体育活动情况

地点	传统体育活动	开展时间	纪念人物
歙县许村	舞大刀	春节期间	许远
黄山区仙源村	轩辕车会	春节期间	轩辕黄帝
芜湖县崔墩	穿马灯	春节期间	《三国演义》和《杨家将》中的英雄人物

其三，农事节日。中国农村还有一些传统体育生活与农事节日有关，并以歌舞和民俗传统体育活动为主要内容，以表达对来年幸福生活的美好

夙愿。例如，贵州省镇远县金堡的苗族有一个节日叫吃新米节，人们会在这一天聚在一起，到踩鼓场上跳芦笙舞、踩鼓舞，并举行赛马活动。在藏族的望果节，藏民们会开展角力、斗剑、耍梭镖、赛马、射箭等民俗传统体育活动。可见，我国农村包括少数民族地区由于自身存在的乡土性，其传统体育生活总是离不开传统民俗，也离不开各种传统民俗节日。

四、农村传统体育生活方式文化功能的乡土性

本书第一章中论述了现代体育生活方式的多元化文化功能——健身、休闲娱乐、社会情感、传承和保护体育文化、经济功能等。然而面对我国众多实实在在的、具体的农村传统体育生活方式，若用以上几个文化功能予以概括，则显得过于抽象，难以真正解读我国农村传统体育生活方式的文化功能。下面继续采用安徽省芜湖县崔墩“穿马灯”的案例，从对一个村落、一种传统体育活动、一群村民的关注开始，感受村落社区生活与传统体育的互动，从客观事实出发，以崔墩“为何要穿马灯”这一问题为思考的主线，捕捉其中的多元化文化功能。

在对崔墩以及周边村落的生产方式和生活方式进行的田野考察中，我们访谈了众多村民，所感所受不断加深着我们对穿马灯活动的认识，这为总结其多元化文化功能奠定了重要基础。考察中我们发现，看似荒诞的穿马灯活动背后却有着重要的文化功能，并且这些文化功能成为维持穿马灯活动的生命力。对于崔墩村民来说，我们是“局外人”，而崔墩的村民们是“局内人”。因为身份不同，对穿马灯活动所具有的意义或功能的见解可能不尽相同，为了尽可能接近“真相”，我们从“局内人”和“局外人”两个维度来认识它的文化功能。

（一）“局内人”的穿马灯文化功能观

春节期间“为何要穿马灯”这个问题，难住了很多村民，也许他们从来没有考虑过这个问题，因此，一部分村民没有回答上来，另一部分村民虽有回答，但也都是只言片语，有的说“热闹、好玩”，也有的说“祖上传

下来的，代代如此，年年如此”，还有的说“可以辟邪驱魔，保佑平安”“保佑人丁兴旺”“保佑风调雨顺、五谷丰登”等。可见，穿马灯在村民心目中的功能并非单一的，而是具有多元性。2011年2月6日，我们再次造访崔墩，对村主任进行了访谈。访谈时村主任56岁，是马灯会的会长，虽然读书较少，但他在村中也算是见过世面的人物。他的回答比其他村民更加完整，令人深思。以下是对村主任有关该问题的访谈笔录。

问：你们村子春节时为什么喜欢穿马灯？

答：主要还是图个热闹，否则过年冷冷清清。

问：为什么只穿马灯，而不选择其他民俗活动呢？

答：其实过去除了穿马灯，过年开展的民俗活动很多，如叠罗汉、打钟馗等。就拿叠罗汉和打钟馗来说，已经十多年不玩了。原因主要是这两种活动技术难度大，要玩的话，主要靠年轻人，而现在年轻人大多到外地打工去了，年前才回来。由于缺少时间进行训练，也为了保证安全，所以就不玩了。但是穿马灯可不一样，简单一些，排演起来也方便。

问：据我所知，贵村去年端午节时，还参加了镇上组织的赛龙舟活动，你们愿意参加吗？

答：是有这件事，不过是镇上要求的，我们也是配合一下工作。再说了，镇上给钱支持，为什么不去呢？

问：若镇上不组织，你们就不会参加吗？

答：那肯定。

问：穿马灯不是镇上组织的，你们为什么愿意玩呢？

答：说实在的，穿马灯是一种傩，过去据村子里的老人讲，穿马灯有驱邪避灾和祈福的作用。虽然我也知道，这有点封建迷信，但穿马灯还是有很多善的一面。

问：有哪些善的一面呢？

答：除了过年热闹和祈福辟邪外，现在村子里的年轻人一年里难得见一面。通过过年穿马灯，不仅可以见见面，而且还可以互换很多外面世界的信息，这是其一。其二，现在政府不是大力提倡保护非物质文化遗产吗，穿马灯就是非物质文化遗产，再不保护就没有了，叠罗汉的消失就是例子。其三，过年了，年轻人回乡后手上都有点钱，其中一些人聚在一起总爱耍钱（赌钱）。现在我们将他们组织起来去穿马灯，这样他们就没时间去耍钱了，而且还可以好好活动活动。

从以上访谈资料，可以发现穿马灯在村民心目中具有多种功能，由此可以管窥“局内人”穿马灯复杂性之一斑。

（二）“局外人”的穿马灯文化功能观

这里说的主要是“局外人”的观点，但也有部分内容属于“局内人”和“局外人”的共识。以下是我们归纳的穿马灯的几个主要文化功能。

1.信仰功能

无论社会发展到何种程度，人类精神信仰的心理需求是必须的，而没有精神寄托的生活将会黯然失色。当然，为了提供精神寄托，人类总会创造性地编织一系列可供心灵驰骋的精神空间。农民编织神话、鬼魂世界的原初动机就是满足自身的精神需求。崔墩穿马灯活动中就存在复杂的神灵体系，有为人驱邪逐疫的关公，有为人送来子嗣的观音，有赐福、赐禄、赐寿、赐喜和赐财的福星、禄星、寿星、喜星和财星，有主管阴间的地藏王，有掌管家堂香火的门神灶神，有专管一村农业丰收的土地神，有维护村民生命安全的各类傩神，等等。凡是人间有需求的领域，这些儒、释、道各教神灵都会与之呈现直接的对应关系。穿马灯中的神灵体系是虚构的、不真实的，但神灵体系在满足村民精神需求时却是客观存在的，因为它寄托了崔墩村民企盼健康、祛病消灾、风调雨顺、农业丰收、生意兴旺的美好愿望。

2.凝聚功能

从神灵体系来看，穿马灯关系到全村和全族一年的命运，是全村和全族的大事，需要全村和全族人的团结合作，才能得到神灵保佑。在穿马灯活动过程中，全村和全族人对于崔墩的文化认同不断强化，增强了村落、家族的凝聚力。穿马灯活动的凝聚功能主要表现在两个方面：其一，村落的神灵体系成为村民的共同信仰基础。几百年间，每到春节时，穿马灯活动反复开展，不断强化了村民的共同信仰，加深和普及了村落、家族的文化认同，使得全体村民更加笃信穿马灯活动所提供的神灵体系具有为全村、家族祈福的功能。有了这样的共同信仰基础，村民思想的沟通更顺畅，情感的共鸣更强烈，凝聚力更强。其二，穿马灯活动中，村民的团结协作是形成村落、家族文化认同的重要因素。每年穿马灯活动都要涉及村里的很多人，在活动过程中，需要大家团结协作。当然，马灯会成员若缺少协作，穿马灯是难以开展的，因此，马灯会里有个不成文的规定，活动开展期间，大家相互宽让，必须合作。而且这个不成文的规定也成为春节期间全体村民共同遵守的承诺。可见，村民们对自己的村落和家族有一种特别的认同感，这不仅是出于血缘上的联系，而且在于自己与村落和家族之间所具有的文化上的依附性。

3. 调节功能

穿马灯活动的调节功能包括两个方面：其一，身体方面的调节。穿马灯的“穿灯”环节中，“马”和马夫在灯师的引导下，随着锣鼓的节奏调整着“穿”动作的快慢，并不断变换排列队形，犹如千军万马一般驰骋疆场，整个过程持续20多分钟。因此，穿马灯是一项动感十足的传统体育活动，它不仅对参与者的身体素质和技术提出了很高的要求，而且对提高参与者的运动能力、心肺功能以及神经系统调节功能具有良好的促进作用。其二，心理方面的调节。通俗理解就是村主任所说的“主要还是图个热闹，否则过年冷冷清清”。这种“节日狂欢”对于一年到头外出辛苦务工的年轻人和勤劳留守村中务农的村民来说，具有娱乐、修养和放松的作用。每个春节举行穿马灯活动的日子，是崔墩一年中最热闹的一段时间，马灯队所到之处，村民们夹道欢迎，鞭炮齐鸣，锣鼓喧天，人声鼎沸，全村人都沉浸在新年的喜悦之中。对于崔墩村民来说，穿马灯活动起到重要的调节功能，可以使他们从一年紧张辛劳的工作和生活中放松下来，从生理和心理上得到放松。

4. 维系功能

穿马灯活动是一种较为严格的祭祀礼仪，它年复一年地重复着固定的程序、相似的内容。与社会上瞬息万变的流行内容相比，穿马灯具有超稳定的结构和超强的维系功能。它的维系功能主要表现在两个方面：一是对历史发展过程中上下衔接之间的维系。从本质上看，穿马灯活动是一种重复进行的独特生活方式，这种重复从根本上维系了上下代之间的文化承袭，达到不间断的目的。二是对村落与村民之间关系的维系。穿马灯活动是作为村落的生活方式而存在的，并在一定程度上利用其隐形文化规约性，来实现在各村民之间建立和谐的关系，从而使村民们顺从和认同穿马灯这种文化现象和对村落和家族的皈依的目的。

5. 教育功能

穿马灯活动作为一种民俗文化现象，来自民间，并成为当地文化环境的重要组成内容，同时又反过来影响当地人的自身发展和价值观的形成，具有教育功能。它的教育功能表现在两个方面：一是文化知识的教育与传播。穿马灯活动中蕴含着丰富的文化知识，历史典故、传说故事、五行八卦、阴阳向背、节气时令、礼仪规范、伦理纲常等，应有尽有，非常丰富。在年复一年的穿马灯活动中，村民不断接受着与穿马灯相关的道德教育、思想熏陶，并学习各种民间文化知识。二是道德、人格的教育与感化。穿马灯活动对人的教育、感化作用非常明显。如穿马灯活动处处体现着儒家思想认可的家国思想，男子修身、齐家、治国、平天下的人生理想以及实现光宗耀祖的人生目标。虽然其中掺杂了一些封建思想，但更多地包含了中国优良传统美德，这种美德在不断强化的过程中，潜移默化地深入村民心间，其教育功能显而易见。

其实，穿马灯活动的五个主要功能中也包含一些娱乐、健身、文化继承等现代性文化功能，但我们发现村民们并没有意识到这些，他们只是很浅显地回答“图热闹”“祖上传下来的”，或者“祈求风调雨顺，来年有个好收成”（有这种看法的占大多数），等等。这也许与他们的文化程度不高或现代体育意识淡薄有关。不过我们认为这仅仅是一个方面，从更深层的角度来看，这与我国长期处于农业社会有直接的关系。费孝通曾经说过：“从基层上看去，中国社会是乡土性的。”“乡下人离不了泥土，因为在乡下住，种地是最普通的谋生办法。”就连他的老师史禄国先生也说：“远在西伯利亚，中国人住下了，不管天气如何，还是要下些种子，试试看能不能种地。”因此，费孝通认为我们的民族的确是和泥土分不开的。所以对于这些农民来说，每一天每一年甚至一生的生活和生产都是围绕着“土地、种地和其他农牧业生产”。显而易见，他们对穿马灯功能的认识，总会被“土”所束缚，太具有乡土气息，即使这一活动包含了一些现代体育文化功能，但处于乡土社会中的村民，难以“识破”，他们仅仅希望穿马灯活动能给他们带来更多的“潜在的经济收入”。这种现象就如费孝通所说：“从土里长出过光荣的历史，自然也会受到土的束缚，现在很有些飞不上天的样子。”①

当然，对穿马灯五个文化功能的描述和总结并不意味着它们是完美无缺的，它们也有可能带来一些消极作用和影响。如使得部分村民执迷于封建迷信，如果过分相信神灵保佑，则有可能造成不良后果和不必要的物资消耗。比如2011年，崔墩穿马灯活动中仅傩神所穿服饰、燃放的烟花爆竹等花费就近两万元，特别是活动后服饰和烟花爆竹均化为乌有，令人感到惋惜。也有可能因为活动中的某些细节导致局部的摩擦，引发一些矛盾，甚至冲突。比如在具体环节中会涉及扮演角色分配、外出交流、出钱出力等事项，有可能导致村民产生某些不快②。

五、农村传统体育生活中多存在性别歧视

传统社会中，家庭是以男性为中心的单系家庭，女性在家庭中处于配角的地位。男女之间的不平等，使妇女处于无权和被压迫的地位。这一点从传统家庭礼制中妇人的“三从四德”中就可以看到。传统社会认为“女子无才便是德”，从而剥夺了妇女接受文化教育的权利。从出入自由的权利来看，传统礼制要求，女孩从七岁开始就“大门不出，二门不迈”，断绝与外界的交往，甚至与她们的男性至亲，也要做到“内外各处，男女异

① 费孝通．乡土中国[M]．北京：生活·读书·新知三联书店，2013:7.

② 余涛，杨文茹，涂传飞，等．村落语境中传统体育的文化功能：以芜湖县崔墩穿马灯活动为例[J]．中国体育科技，2011(5)：101-107.

群”[①]。《礼记》和《朱子家礼》中就规定男女儿童从七岁起就“不同路，不共食”。

可见，我国传统社会中的男性和女性作为不同生活主体，在日常生活和社会生活中所处的位置以及所能享受到的各种权利是不同的，这一点也经常发生在体育生活中。古代的安徽歙县叶村是一个聚族而居的宗族制社会，族内的大小事务均由族群来组织实施。在叶村，每逢闰年元宵节就会举行叠罗汉活动（见图2-16）。叠罗汉是一项集古代杂技、宗教文化、民间艺术于一体的民俗体育活动，缘起于明代，虽历经500多年，但一直保持着古朴粗犷的原始风貌。明代时，叠罗汉活动在该村的开展是因本村“洪”姓人对鬼神的信仰而产生的，活动的目的主要是驱鬼，因而参与者主要是“洪”姓家族的所有男性成员[②]。女性作为阴柔弱小的代表难以参加显示族人力量和能力的宗族活动中的体育活动，即使参加了也会被外族人嘲笑。在叶村，女性不能参加叠罗汉活动不仅是对女性的歧视，也是传统社会中男女不平等的真实写照。

图2-16 歙县叶村叠罗汉

六、农村传统体育消费生活具有生存性、节俭性、自给性

消费生活，是指主体在特定消费观和消费心理的引导下，在日常生活中与一定的消费资料相结合的活动。从古至今，人们要维持生命活动，要

① 费孝通.乡土中国[M].北京：生活·读书·新知三联书店，2013：7.

② 方利山，蒋国强，吴灵萍，等.徽州民俗体育项目“叶村叠罗汉”的特征与价值[J].北京体育大学学报，2011(2)：41-43.

发展和享受，就要消费一定的消费资料（包括物质的和非物质的）。在传统社会，特别是在农村，由于自然经济占统治地位，生产力水平较低，人们的消费活动主要是为了满足维持生命活动的基本需求。因此，传统消费生活方式直接关系到传统社会人的生存状态，关系到人的各种生活活动的性质和方式。传统社会中，绝大多数农村家庭会把微薄的收入用于维持生活所必需的生活资料的消费支出。不过需要指出的是，满足智力需要、信仰需要、艺术美感需要等文化消费还是存在的。虽然体育消费是文化消费的一种，但从农村传统体育生活方式的文化功能来看，体育消费也是围绕着农村的物质消费而开展的。比如，崔墩村民举办穿马灯活动是为了谋求来年风调雨顺、平安幸福、农业丰收、人畜兴旺等隐喻的经济功能；同时，正月十五圆灯后，马灯会所有成员以及村里德高望重的老人会聚在一起摆桌共庆“吃夜餐”。对于崔墩来说，穿马灯活动是一件大事，不仅是一件谋求来年风调雨顺、平安幸福、农业丰收、人畜兴旺等的祭祀事件，还要将穿马灯活动结束后没有花掉的礼金、捐款等用于“吃夜餐”，可见崔墩村民借穿马灯的机会改善一次生活，所以说很多农村传统体育消费并非与物质消费相隔绝而存在。

在传统社会中，大多数家庭所需的主要消费资料，包括传统体育活动中使用的各类材料和用品，是由自己家庭中生产出来的。传统体育活动中的体育材料和体育用品的生产并不是为了拿到市场上去卖，而是为了自家、家族或村落的消费，也就是把各类材料和用品当作使用价值而不是当作交换价值来生产的，因此，传统的体育消费生活具有自给性。不仅如此，由于传统社会经济是自然经济，生产力水平较低，村民的生活十分清贫，村民在传统体育消费品的制作中使用的初加工材料十分简单，体现出其节俭性的一面。如汪满田村的鱼灯和各种活动用品的主要材料均选用本村山上的竹子。

七、农村传统体育生活具有地域性

传统体育生活还体现出一定的地域差异。自古以来，我国就有“百里不同风，千里不同俗”的说法。同一地域的居民群体，在长期的特定的共同的社会历史条件下，形成了与其他地域具有较大差异而本区域基本相同的体育生活方式。当然，这主要与每一个地域的社会历史条件不同有关，同时与过去各地域的自然地理条件、生活生产方式差异大，以及信息交流缓慢等都有直接关系。如在我国湘鄂西一带自古流传着一种叫“高脚马”（见图2-17）的体育活动。该地区位于武陵山区，地貌以丘陵、河谷为主，气候温和湿润，常年多雨。当地人为了出行方便，以竹子制作成高脚马为代步工具，经常踩着它行走在泥泞的山路和溪流间，历久成习，高脚马成为当地深受人们喜爱的一项体育运动①。而在我国北方的蒙古族，人们为了自身生存和发展需要，射箭、摔跤和赛马成为蒙古族男性必须精通的体育活动。这三个项目水平的高低在一定程度上显示了一个部落的强弱和盛衰，因此“蔑儿干”（善射者）、“阔”（力士）成为蒙古族人尊崇、追求和学习的对象。“搏克”即为蒙古族“摔跤”的蒙古语音译，含有结实、刚强、攻不破、摔不烂之意，摔跤手粗犷的外形和华丽的跤服成为蒙古族独特的文化符号和象征（见图2-18）。自成吉思汗统一蒙古各部落之后，每逢制定法规、大汗登基、庆祝胜利等重要日子都要举行包括“摔跤、赛马、射箭等内容的那达慕大会”。再如云南苗族的传统体育项目——“吹枪”，是当地农民为了驱赶鸟兽保护庄稼而发明的一种射击类体育活动，距今已有300多年历史。“吹枪”的起源、传承和发展都与云南苗族地区的自然环境、生产生活方式息息相关。

图2-17　高脚马

图2-18　那达慕中的摔跤

① 中央民族大学体育学院少数民族体育用品项目课题组.少数民族体育用品[M].北京：中央民族大学出版社，2011：5.

第二节 西方现代体育生活方式的特点

讨论西方现代体育生活方式的特点，首先应对西方现代大众体育的发展进行追溯。总的来说，西方现代大众体育的发展经历了三个阶段：一是起步阶段。1945年之后，由于第二次世界大战的影响，很多西方国家发现本国青少年的运动能力以及身体素质都发生了不同程度的下降，为此各国都想方设法来改变这种现状，诸如增加体育课数量、增加体育教育经费、制定和实施体质测试标准等。同时，西方国家开始了全面的经济恢复，全力加快工业生产，一个高度的全速发展的工业化社会在西方各国逐渐显现。在工业化社会中，高度的竞争氛围以及人成为工业化大生产的附属物的现实，使得西方国家居民长期处于高度心理紧张和压抑中，严重危害了人的身心健康。这时西方国家政府开始意识到，需要将体育引入人们的生活中，因此，当时美国的自然主义体育思想被西方各国政府所采纳。在这种体育思潮的影响下，第二次世界大战前十分流行的德国体操和瑞典体操逐渐被美国和英国的户外竞技体育所替代。二是形成阶段。20世纪六七十年代，第三次产业技术革命的兴起带动西方国家生产力大幅度提升，同时，人们生活方式也随之发生着改变——休闲思想步入人们的生活中。这种改变对户外竞技体育的影响也是巨大的，它被注入更多的休闲思想，从而最终促成了休闲体育的出现。在那个年代的西方国家，终身体育、休闲体育和快乐体育不仅成为学术界研究的热点，而且休闲体育的思想也逐渐成为主导大众体育的主流思想，并且休闲体育因对人们工作、休闲结构和日常生活的其他方面都有重要作用，逐渐成为人们生活中不可缺少、影响度高的内容之一[①]。三是快速发展阶段。在20世纪的后30年，西方国家经济发展进入一个相对稳定的增长繁荣期，相对于发展中国家，其政治、社会、文化、科技乃至人们的生活水平条件都已经发展到相当高的程度。这段时期，人们的生活领域又出现了许多新气象，如“文明病”出现了。随着西方各国

① 梁利民.我国体育生活化探索[M].北京:北京体育大学出版社,2006:3.

经济和科学技术的快速发展，整个社会的劳动强度和劳动时间大大下降，人们的休闲时间越来越多，因收入的不断提高、生活的富庶、营养摄入的过多、运动的不足等，直接导致“文明病”的发病率不断上升，肥胖、高血压、高血脂、癌症等疾病已成为危害西方人健康的主要疾病。特别是这段时期西方国家的社会老龄化现象逐步出现，使得政府对国民保健的经费投入越来越大，因而如何提高国民的生活质量和身体素质成为西方国家不得不面对的棘手问题。因体育可以促进人的身体健康，其被西方国家作为提高国民生活质量和身体素质的重要途径之一。20世纪70年代后，西方国家为了能让更多的国民参与体育活动，纷纷有组织有计划地制定本国的大众体育发展规划，提出长期奋斗目标。总的来说，战后西方大众体育得到了快速的发展，西方人对体育的功能和作用有了全面和全新的认识，这与西方国家社会、经济、文化等的快速发展息息相关。在长达60年的发展历程中，西方国家的大众体育逐渐地、全方位地、深度地融入西方人的现代生活中，并形成了独具特色的现代体育生活方式。下面主要从七个方面对西方现代体育生活方式的主要特点展开分析。

一、社区和学校体育设施是大众开展体育生活的重要物质保障

没有体育场地设施，大众的体育生活无法保证，因此，西方国家一直重视对体育场地设施的建设与维护。20世纪60—90年代，德国共实施了三个“黄金计划”。德国政府在建设体育场地设施之初，并不是盲目建设，而是加强场地设施的数据收集统计，并依据这些数据的分析结果（如人均体育场地面积、人均体育设施占有量等指标），来对整个国家的体育场地设施分布和数量进行规划。在这30年中，德国体育设施建设速度非常迅猛，通过表2-3可以发现从1960年到1990年德国的体育设施数量增长之显著[①]。

① 潘华.德国大众体育研究[R].北京:国家体育总局政策法规司,2012:22.

表2-3　实施三个“黄金计划”德国体育设施发展情况

单位:个

设施类型	1960年	1976年	1985年	1990年
全民健身活动中心	32 800	55 100	64 700	65 132
儿童游戏场	18 500	42 800	58 000	59 145
室内游泳池	730	2 980	4 100	4 236
室外游泳池	3 030	3 580	8 600	9 285
网球场	5 300	16 000	29 200	29 962
马术场	2 927	4 900	5 012	
高尔夫球场	88	130	145	
壁球馆	2 935	3 050	3 120	
滑冰馆	201	246	289	
射击场馆	1 856	2 389	2 451	

在各类体育场地设施建设中，社区体育场地设施的建设是西方国家关注的任务之一。如美国很多州法律规定，为了修建和拥有社区体育场地设施，社区政府可以与社会团体、个人合作，并在土地获取和征用方面给予优惠政策，从而促进了美国体育场地和设施逐年增多。在美国的社区中，将休闲体育场、儿童游戏场建在休闲公园已是寻常之事，同时，大部分社区都有自己的社区体育中心①。建造社区体育中心是西方国家增强大众体育物质保障，满足社区居民多元化体育需求的重要措施之一。社区体育中心的体育场地和设施不仅种类多、用途多，而且相对集中。当前西方国家社区体育中心大多具有以下特点：其一，为了满足社区居民不同层次的体育需求和就近参与体育锻炼的要求，将社区体育中心作为社会服务网络的一部分建在社区，以方便社区居民的体育生活。1964年，东京奥运会后日本政府将发展体育的重心转向大众体育，不断采取多种措施促进社区体育迅速发展。1972年12月，日本政府推出了《关于普及振兴体育运动的基本计划》政策，要求通过加强社区体育设施建设来推动社会体育的快速发展。1995年后日本也开始学习西方发达国家，将社区体育中心建设作为发展社

① 林显鹏.国际大众体育现状及发展趋势[C].北京:国家体育总局群体司,国家体育总局体育信息研究所,2001:29.

会体育的重要任务之一。通过多年在社区体育设施和社区体育中心建设等方面的全力投入，现如今日本人的健康状况比以往明显提高，各种常见的高血脂、高血压等“文明病”显现出下降趋势[①]。其二，西方国家社区体育中心开展的体育活动丰富多样。日本社区体育中心为了满足社区居民的多元化体育需求，开设了大量的体育活动项目，其中包括足球、游泳等竞技体育项目，以及有氧运动、器械练习、健身操等非竞技体育项目。同时，还将对居民的体育技能和理论的传授纳入社区体育中心的服务范围，如设置了以学习为主的体育教室，专门聘请体育专家传授居民体育运动的方法和手段，并提供体质健康测试、运动处方等服务。英国体育理事会要求该国社区体育中心能够开展5人制足球、健身操、室内曲棍球、柔道等17个项目。其三，加强社区体育中心与社区、城市人文景观的融合建设，使社区体育中心成为社区公园的重要景观之一。在美国，建设社区公园时，不仅将各种树木、草地、湖泊等自然景观纳入公园的建设规划中，同时还将社区体育中心的建设纳入其中。1956—1966年，美国政府制定了本国社区公园的体育设施配套标准（见表2-4）[②]。自1985年开始，美国健康与社会福利部制订了《健康公民2000年》计划，其中对全国体育设施建设提出了相应要求，即到2000年，在社区中每25 000人至少拥有1座公共游泳池，每10 000人拥有1英里的健身小道，每1 000人拥有4英亩的公园与休闲体育场地[③]。可见，美国社区公园因社区体育中心的存在，不仅仅是公园，还是儿童游乐园，更是体育锻炼场所。

表2-4 美国城市社区公园体育设施配套标准

公园类型	公园面积	公园配置
小型公园	1～4英亩，每1 000人拥有1/4～1/2英亩	通常是为某类特殊年龄群体设计

① 张旭光. 国外社区体育发展之道[EB/OL].http://www.chinasfa.net/ArtDetail.aspx?aid=7034.

② 国家体育总局政策法规司. 群众体育战略研究[M].北京体育大学出版社，2005：445-449.

③ 林显鹏. 国际大众体育现状及发展趋势[C].北京：国家体育总局群体司，国家体育总局体育信息研究所，2001：31.

续表

公园类型	公园面积	公园配置
街区公园	5～50英亩，每1 000人拥有1～2英亩	10%～20%的面积保持自然景观，其余地方则建有游泳池、体育活动设施、游戏场与运动场等。有些街区公园和学校的体育设施融为一体，可以满足不同年龄群体的体育需求
社区公园	50～400英亩，社区每1 000人拥有5～8英亩	20%～40%的面积保持自然景观。除常规体育活动场地外，还有高尔夫球场、儿童游戏场、野餐区域、运动场、游泳池、自行车与徒步旅行街道
管区公园	400～800英亩	40%～60%为自然景观。有自行车与徒步旅行道、散步道路、高尔夫球场、野餐区域以及水上运动区域
地区公园	1 000英亩左右	50%～80%是自然地带，可以进行骑马、徒步旅行、自行车、野餐、划船、游泳、钓鱼、野营、冬季运动、登山以及其他体育活动

在西方国家，学校体育场地设施也是开展大众体育生活的重要舞台，特别是在学生放学以后、假期和周末的时间。20世纪20年代，美国有30多个州通过法律规定："社区可使用学校的建筑作为社区体育中心。"1976年，日本颁布了《学校体育设施对外开放法令》。该法令实施后，日本的学校体育设施逐渐加大对外开放的力度，到1990年，日本小学、初中、高中的室外运动场向社会开放率分别为86.9%、79.7%、57.2%的，室内运动场向社会开放率分别为91.7%、84.4%、42.1%[①]。

二、体育协会、体育俱乐部和体育志愿者是国民体育生活的组织基础

西方国家政府为了保证大众的体育生活质量，一般会成立体育专门领导机构，并且政府的不同部门也会参与其中工作，如澳大利亚体育运动委员会、德国体育联盟、加拿大遗产部的加拿大体育局和日本文部省的体育局就是这样的机构。同时，政府通过资金、政策和各类资源的投入不断保

① 林显鹏.国际大众体育现状及发展趋势[C].北京：国家体育总局群体司，国家体育总局体育信息研究所，2001:31.

持和加强与各类体育协会和体育俱乐部的密切合作，希望调动和发挥他们的积极性，实现对大众体育及民众体育生活的专业化和层次化组织和管理，使更多民众参与到体育生活中来。图2-19和图2-20[①]所示为加拿大和日本大众体育管理体制结构。在西方国家大众体育管理体制下，大量体育协会和体育俱乐部出现了，它们成为组织民众参与体育生活的重要力量。如2010年5月，日本世川体育基金会在对国家体育与生活方式的调查中发现，18.8%的受访者是体育俱乐部或体育团体的成员[②]；2000年，美国有大约3 280万人加入体育健身俱乐部，这相当于平均每8个美国人就有1个是体育健身俱乐部会员[③]；1996年，欧盟12个成员国中有8个国家居民成为体育俱乐部会员的比例超过20%（见表2-5）[④]。

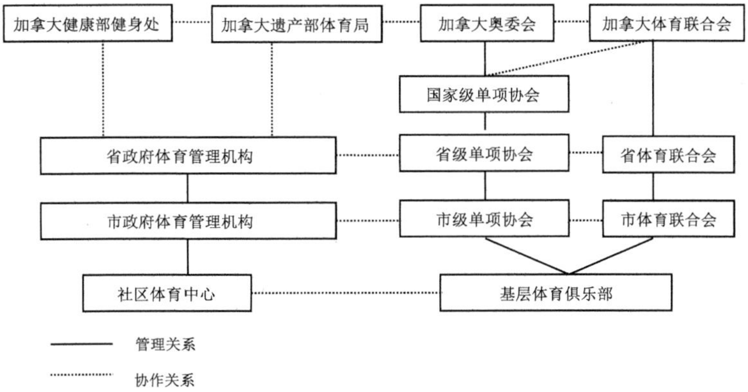

图2-19　加拿大体育管理体制结构

① 林显鹏.国际大众体育现状及发展趋势[C].北京：国家体育总局群体司，国家体育总局体育信息研究所，2001：58，54。

② 李晨.2010年日本体育生活调查[EB/OL].http://www.chinasfa.net/ArtDetail.aspx?aid=6795.

③ 肖林鹏.社会体育管理[M].北京：北京体育大学出版社，2005：260.

④ 董新光，李建国，吕树庭.社会体育[M].北京：人民体育出版社，2004：328.

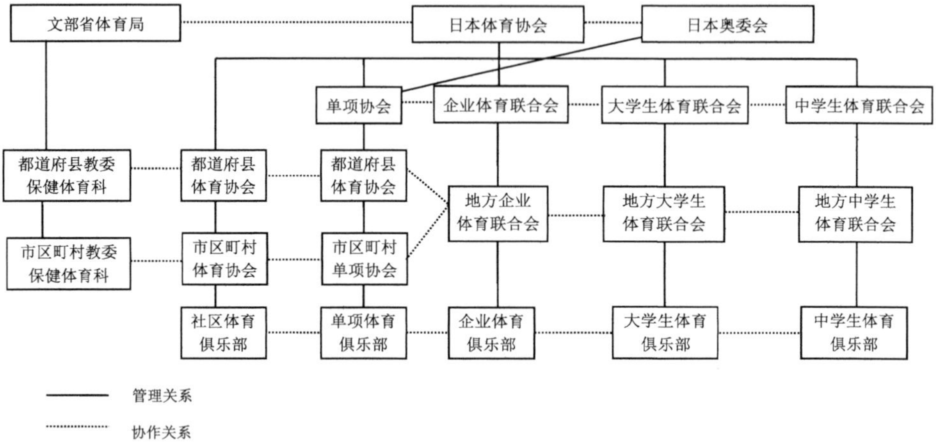

图2-20　日本体育管理体制结构

表2-5　欧洲部分国家体育俱乐部情况一览

国家	体育俱乐部数量/个	体育俱乐部会员总人数/人	体育俱乐部人口占国家人口比例
芬兰	13 000	2 037 000	41.3%
奥地利	14 000	2 500 000	32.4%
德国	81 000	24 000 000	30.3%
荷兰	36 000	4 313 000	29.6%
瑞典	38 000	2 500 000	28.7%
比利时	31 483	2 546 000	25.8%
卢森堡	1 375	93 777	25.8%
法国	160 000	12 750 000	22.7%
英国	150 000	6 500 000	11.3%
意大利	67 000	6 000 000	10.8%
西班牙		2 320 000	6.0%
葡萄牙	5 126	500 000	4.9%

在政府的积极支持下，西方很多国家的大众体育通过各种体育协会和体育俱乐部实施，即通过强化社会团体的专业化来管理社会大众体育。在西方国家，德国体育俱乐部的发展最具代表性，数量也最多。1996年，德国的体育俱乐部就达到81 000个，体育俱乐部会员总人数达到24 000 000

人，也就是说德国有三成城乡居民通过体育俱乐部进行体育锻炼。德国体育俱乐部发展势头强劲，一方面与城乡居民的体育意识高有关，另一方面也与该国政府和社会对体育俱乐部高效的组织管理息息相关。德国奥委会下设大众体育委员会，该委员会对全国的体育俱乐部、体育锻炼中心和社区体育组织进行管理。根据营利性质划分，德国大众体育俱乐部有三种类型，即营利性（商业性）、非营利性、准营利性。根据活动内容划分有两类，即单项俱乐部和综合型俱乐部。可以说，德国城乡居民的体育生活已经离不开体育俱乐部。德国的体育俱乐部能吸引众多的德国人参加，除了德国人热爱体育的主观原因外，还有以下几个方面的客观原因：其一，德国体育俱乐部的会费十分便宜。相对于德国人的高收入，体育俱乐部的会费只占到德国人平均工资的5%左右，有些公益性的体育俱乐部或体育协会会费更低甚至不收会费。其二，德国体育俱乐部的种类众多。目前德国奥委会下设60个体育专项协会（包括33个奥运会项目和27个非奥运会项目），每个体育专项协会都负责管理本项目的体育俱乐部。其三，服务周到。德国的体育俱乐部为了吸引更多的会员参加，采取多种手段，诸如聘请教练进行指导、邀请优秀运动员与会员一起进行训练或比赛、提供体育场地和器械、通过与其他俱乐部的比赛以增强本俱乐部的集体荣誉感和归属感①。其四，提供了一个人际交流平台。俱乐部会员常常会在锻炼结束后，一起在酒吧喝酒和娱乐，从这个角度来看，体育俱乐部所起的作用不仅仅是提供了体育锻炼的平台，还提供了一个人际交往的平台，满足了人们的文化需求。因此，德国人的体育生活离不开体育俱乐部的组织和管理。

体育志愿者是西方大众体育的重要组织基础之一，没有他们的体育志愿服务，西方人的体育生活难以充满活力。这些体育志愿者是大众体育活动的组织者和开展活动的骨干分子，他们大部分是不计报酬的志愿工作人员。如德国有体育志愿者约210万人，每年德国体育志愿者不计报酬参与大众体育活动的组织和指导共为德国财政省了约85亿欧元②。在美国，1994

① 潘华．德国大众体育研究[R]．北京：国家体育总局政策法规司，2012：74.

② 潘华．德国大众体育研究[R]．北京：国家体育总局政策法规司，2012：61.

年至少有2 000多万人参加了社区体育的志愿服务活动[①]。日本在2001年统计了本国体育指导员的总人数，有十多万人。虽然这个数字相对于日本总人口来看并不高，但是日本社会体育指导员具有以下特点：其一，将社会体育指导员分成7大类——地区体育指导员、提高竞技能力指导员、商业体育运动设施指导员、通过保健医学与教练员的结合调节选手身心健康的高级教练员、综合体力提高指导员、少年体育运动指导员、野外活动指导员；其二，具有良好的敬业精神和为社会服务的意识，实际指导率很高；其三，专门设置了体育指导员培养专业委员会，并强调体育社会指导员的知识更新和再培训，诸如每四年必须重新培训一次、每年都要参加国外进修和国际交流活动等[②]。

三、健身、休闲娱乐和维护社会稳定是西方现代体育生活的三大主要功能

第二次世界大战以后，西方国家不断加快经济复苏，积极推动工业化和城市化进程，使得国力不断增强，人们的收入持续增长。然而经济的快速腾飞也给西方社会带来了很多负面影响，其中“文明病”的出现就是其中之一。“文明病”包括高血压、高血脂、肥胖病、神经功能症和心理疾病等，这在西方国家不仅影响到西方人的健康，而且其中有些已经成为死亡率靠前的疾病。1995年，心血管疾病、癌症、脑血管疾病分别排在美国人疾病死亡率的前三位。美国流行病学专家发现，多年来“文明病”的泛滥导致本国死亡率居高不下，同时还发现“文明病”的泛滥又与美国一味追求工业化、城市化的目标息息相关。因为工业化和城市化不仅加速了环境的恶化，而且工作的压力以及竞争的压力使人们长期生活在高压力环境中，所以那个时期西方人罹患“文明病”的可能性越来越高。特别是西方国家在经济和社会快速发展的同时，社会的老龄化越来越严重，这给西方国家

① 林显鹏.国际大众体育现状及发展趋势[C].北京：国家体育总局群众体育司，国家体育总局体育信息研究所，2001：32。

② 李相如.日本大众体育和社会体育指导员的发展概况[J].首都体育学院学报，2002(4)：13-14.

的财政带来巨大的负担，如1996年的美国，65岁以上的人口占到美国总人口的12.8%，美国财政为此支付的医疗保险费占到国民生产总值的14.8%①。

良好和科学的体育生活方式具有强大的健身功能，特别是在实现减肥、增强肌肉力量、增强身体抵抗力和免疫力、愉悦身心、释放工作压力等方面效果明显，西方各国政府已经认识到这一点，并越来越重视在民众中构建体育生活方式。为此，西方各国还加强了体育生活方式与健康功能关系等方面的科学研究。美国政府发表的《体育活动与健康——卫生局长的报告》指出，适当参加体育活动，可以减少死于心血管疾病的危险，特别是可以减少死于冠心病的危险，还可以预防或延缓高血压的发展，等等。1998年，加拿大政府发表的《加拿大体育》报告指出，体育活动可以有效增进健康，并降低医疗保健费用②。

20世纪70年代，随着西方国家工业化和城市化进程不断加快，先进的科学技术被运用到工业生产中，特别是智能化和信息化机器设备替代大量人力，逐渐减少了工人的劳动时间，西方一些国家开始实施每周工作5天40小时的工作制，另外，西方国家的各种节假日也很多，这使得西方人的休闲时间几乎达到总时间的1/3。同时，西方国家高速的工业化发展，带给西方人的是工作的快节奏和高竞争、社会关系的复杂化、社会角色的多重化，甚至还带给西方人一种错觉——人沦为机器的附属物和生产的工具和手段，机器成为人的主宰。在这样的背景下，一方面，如何打发不断增多的休闲时间成为横亘在西方人眼前的一个急需解决的重要问题；另一方面，虽然西方人的物质生活水平有了明显的提高，但乏味的工业生产却压抑着他们的精神世界，从而迫使他们开始追寻更多愉快、轻松、休闲的精神生活，以及思考人生价值和生命的意义。1975年，欧洲体育部长会议发表的《欧洲大众体育宪章》指出，“人人都有参加体育活动的权利”，欧洲共同体所倡导的大众体育是指人们在空闲时间开展的、以娱乐消遣和自我发展为目的的、自发自由的身体活动。可见，休闲是体育生活方式的重要目的之

① 林显鹏.国际大众体育现状及发展趋势[C].北京:国家体育总局群众体育司,国家体育总局体育信息研究所,2001:4.

② 林显鹏.国际大众体育现状及发展趋势[C].北京:国家体育总局群众体育司,国家体育总局体育信息研究所,2001:33-34.

一。从西方国家制定促进本国大众体育发展和推动本国体育生活发展的计划来看，这些国家已经意识到体育生活方式的价值不仅仅是健身功能，还包括其他功能，其中休闲娱乐功能尤为主要。

第二次世界大战后，西方国家大力推动国家的工业化和城市化，虽然人们的生产方式、生活方式以及居住环境不断现代化，但是西方社会出现了很多社会问题，诸如贫富差距不断扩大、生活压力大、工作竞争强、失业人口增多、精神空虚、种族歧视、性别歧视、信仰歧视、阶级矛盾、价值观危机、人际关系疏远等。在这段时期，西方国家的社会问题没有得到有效地缓解和释压，而是不断重叠、积累、发酵，最终产生了严重的社会危机。这些社会危机给西方国家的经济、社会、文化等都带来巨大的负面影响，也给当时很多西方政府执政者和社会问题学者出了极为棘手的难题。之后，有学者发现体育生活方式具有社会情感功能，人们通过体育活动，可以增加人与人之间的交往频率，联络人际关系，促进社区一体化，不仅缓解了人们的社会压力、工作压力和生活压力，还缓和了社会矛盾和社会危机。1960年，沃尔夫登体育委员会向英国国会提交的报告指出，缺少体育设施与犯罪率升高有关联。这一报告不仅引起了英国社会的高度关注，还引起了西方社会就“关于参与体育活动与稳定社会关联度”议题的热烈讨论。在随后的十多年，英国经济增长速度开始减缓，失业人口不断增加，各种社会矛盾持续升温，犯罪率增高现象难以遏制。在这样的社会背景下，英国体育理事会因势提出并发动“行为体育”（Action Sport）运动，一方面用体育彩票所获得的经费在社区配建体育场馆，并建议英国各级政府增加对社区体育配套设施修建的资金投入；另一方面积极培训社会体育指导员，并选派社会体育指导员进社区，让他们宣传、组织、引导和指导社区居民，特别是让对社会怀有不满情绪的青少年参与体育活动。通过多年“行为体育”运动的开展，不仅改善了居民的生活环境，提高了健康状况，而且在维护社会稳定方面“收益”巨大——社区居民相互交流和交往增多，促进了社区一体化；犯罪率不断降低；种族、性别和宗教歧视得到缓和；价值观更加积极向上，各种社会矛盾和社会压力得到缓解和释放[①]。

四、健身体育、娱乐体育、社交体育、户外运动和极限体育是西方现代体育生活的主要内容

从功能角度来看，我们可以将西方国家体育生活的主要内容分为以下五个方面：（1）健身体育。健身体育是人们为了强身健体、改善体形、预防疾病而开展的各种体育活动，它分为锻炼型（跑步、健步走、游泳等）和健美型（健美操、体操、体育舞蹈等）两种。健身体育更多地来源于竞技体育，后来逐渐融入大众体育，竞技性不断被弱化，健身性得到强化。（2）娱乐体育。娱乐体育即人们为了追求快乐、放松身心、体验文化而开展的各种体育活动。娱乐体育虽有一定的健身功能，但更注重娱乐，因此，娱乐体育有时可以称为“玩”。人们在“玩”中可以感受到三种情绪——快乐、刺激、爽快，由此娱乐体育可分为快乐型（各种体育游戏等）、刺激型（高台跳水、高山滑雪等）、爽快型（现场观看足球世界杯决赛等）。（3）社交体育。社交体育指为促进人与人感情的沟通、改善人际关系、增进社会交往而开展的各种体育活动。在这一类体育活动中，参与者之间较为注重情感的交流和合作。如足球比赛中，比的不仅是每一个足球队的技战术水平，还有队员之间的情感互动和合作意识。像这样的社交体育项目还很多，如桥牌、交谊舞、篮球、排球等。因此，社交体育既给人们提供了众多锻炼身体的手段，又给人们提供了众多交流感情、增进友谊的社交平台。（4）户外运动。户外运动指人们在户外亲近自然而开展的体育活动。20世纪90年代，“文明病”出现后，回归自然、返璞归真成为西方社会共同的呼声，因此，强调生态和环保意识的户外运动成为西方人越来越喜爱的体育活动。户外运动的理念是体育活动应摒弃传统征服自然的观念，尽可能减少对大自然的破坏，甚至不破坏和不污染自然环境，要保持人与自然的平等和谐，回归自然，保护自然，将自我融入自然。这一类体育活动包括在森林里探

① 林显鹏.国际大众体育现状及发展趋势[C].北京：国家体育总局群众体育司，国家体育总局体育信息研究所，2001：13-14.

险、在山地上骑山地车、在江河湖海上冲浪和钓鱼、利用飞机进行跳伞运动等①。日本就曾经规定，要充分发掘国有山地、河海岸等资源，为人们参与体育活动提供便利条件，加强体育活动与环境保护的结合等②。（5）极限体育。极限体育是指人们通过挑战人体极限能力以完成自我实现而进行的体育活动。极限体育挑战人体极限能力主要包括人体生理、人体心理、难度、人性、尊重自然与超越自然的并存性等五个方面。极限体育离不开“山、陆、水、空”。涉及“山”的极限体育活动有速度攀岩、难度攀岩、无保护攀岩、高山滑雪、山地车等，涉及“陆”的极限体育活动有街道滑板、U台小轮车和滑板、酷跑、卡丁车等，涉及“水”的极限体育活动有滑水、激流皮划艇、摩托艇、海上冲浪、水上摩托、潜水等，涉及“空”的极限体育活动有异装飞行、高空滑翔、蹦极等。目前，西方人的体育生活内容大体涉及健身体育、娱乐体育、社交体育、户外运动和极限体育五类，虽然本书中我们根据不同体育活动的特点，将它们“固执”地归为上述五类中的一类，但是可以发现，很多体育活动可以归为二至三类，如U台小轮车既属于户外运动，也属于极限运动，足球比赛既属于户外运动，也属于社交运动，这样的例子不胜枚举。不过，总体来看，近几年西方现代体育生活的活动内容，不断淡化竞技性，强化健康性、生态性、环保性、娱乐性、社交性、互动性、积极性、勇敢性、刺激性，从而给人们的生活增添了乐趣，也提高了人们生活的质量。

五、西方现代体育生活所需经费来自政府、社会和家庭

从投入经费的主体来看，西方国家大众体育生活经费来源主要有三个渠道：一是政府，二是社会，三是家庭或个人。所谓政府渠道，是指大众体育生活经费来自政府拨款，包括中央政府财政拨款和地方政府财政拨款两种。半个世纪以来，西方国家普遍重视对大众体育的经费投入，大众体育经费投入约占国内生产总值（后文简称GDP）的0.2%～1%。以1990年为

① 董新光，李建国，吕树庭．社会体育［M］．北京：人民体育出版社，2004：219-220.

② 董新光，李建国，吕树庭．社会体育［M］．北京：人民体育出版社，2004：326.

例，西方部分发达国家政府在大众体育方面的投入占GDP的比例为：德国约0.35%、英国约0.24%、西班牙约0.23%、瑞士约0.2%、葡萄牙约0.61%[①]。西方发达国家如此加大对大众体育的经费投入力度，原因之一是这些投入能够提高国民体质、增加社会交往、延长预期寿命等，可以有效地提高生产效率和社会生产力，减少政府医疗保险费的支出。因此，对大众体育的经费投入可视为政府对人力资本和经济生产成本的投入。另外，西方国家还逐年加大对大众体育的经费投入力度。如1986—1995年，日本政府用于发展大众体育的相关经费，平均每年增长5%[②]。在逐年加大对大众体育经费投入力度的同时，体育彩票收入也成为西方国家推动大众体育开展的重要经费来源之一。如1990年，法国的足球彩票收入投入大众体育发展的经费达到65亿美元。

所谓社会渠道，是指大众体育生活经费来自体育协会和体育俱乐部等体育社团自身经营。比如体育俱乐部通过销售冠名权获得赞助费、通过招收会员获得会员费、通过公益比赛筹集捐款、通过商业比赛获得广告费和门票收入以及体育用品和服务销售收入等。一般来说，西方国家社会对大众体育生活经费的投入大于政府投入。造成这种结果有以下三个方面的原因：其一，随着第三次产业技术革命的兴起，西方国家的生产方式和生活方式发生了巨大变化，体育因其健身和娱乐等功能，吸引了西方人的关注，体育开始走进大众的生活，同时体育的商业价值也逐渐被市场发现，体育开始以体育生活化、体育大众化、体育市场化和体育产业化等面貌展现在世人面前，这段时期正是西方现代体育生活方式构建的快速发展期。又经过20多年的快速发展，西方人的体育生活组织形式呈现多元化，特别是体育协会和体育俱乐部等体育社团的介入，不仅使人们的体育生活更加丰富多彩，而且使体育健身、娱乐消费市场的潜力被全面挖掘出来，以体育健身、娱乐消费为主体的体育消费成为西方国家大众生活消费的重要内容之一。可见，西方国家的体育生活化、体育大众化、体育市场化和体育产业

① 中国群众体育现状调查课题组．中国群众体育现状调查与研究[M]．北京：北京体育大学出版社，1998：32.

② 董新光，李建国，吕树庭．社会体育[M]．北京：人民体育出版社，2004：336.

化趋势所带来的巨大体育消费能力给大众体育生活社会筹资渠道奠定了广阔的市场基础。据统计，在强大的健身、娱乐消费能力的推动下，美国1997年休闲体育产业的产值超过4 000亿美元。其二，西方国家政府认识到体育协会和体育俱乐部对于推动现代体育生活方式的形成有巨大的作用，而私人和企业的赞助费、广告费、捐款是关系体育协会和体育俱乐部生存的重要影响因素之一，因此，西方国家政府制定了优惠政策，如免征或减征税费、降低水费和电费等。其三，政府、社会和企业已经认识到，因职工不参加体育锻炼造成的经济损失非常大。如1992年，加拿大的一项调查显示，不参加体育锻炼者在过去一年中曾旷课或旷工的比例为74%，明显高于参加体育锻炼者（61%）。因此，加强对职工的体育锻炼经费投入有利于经济生产。加拿大政府发布的《疾病的经济负担》报告（1993年）指出，不爱运动的人口每下降10%，将会给加拿大增加50亿美元的收入①。

所谓家庭渠道，是指大众体育生活经费来自家庭体育消费支出。随着西方国家经济的高速发展，西方人的收入逐渐增多，健康需求和精神文化需求也不断增强，为了丰富生活内容和提高生活质量，家庭增加体育生活相关消费成为可能。如为了在家进行运动健身购买跳舞机、跑步机、哑铃等，打造“家庭健身房”；通过电视或到现场观看美国职业篮球联赛、英国足球超级联赛、德国足球甲级联赛成为无数美国、德国家庭周末的精神狂欢大餐。可见，家庭体育消费对提高大众体育生活质量起到重要的推动作用。在西方国家，大众体育生活经费的来源中，家庭体育消费支出的经费所占比重最高，如：德国为149.54亿美元，占到该国大众体育生活投入经费总额的68%；英国为130.36亿美元，占到该国大众体育生活投入经费总额的59%；意大利为94.35亿美元，占到该国大众体育生活投入经费总额的56%；瑞士为81亿美元，占到该国大众体育生活投入经费总额的89%②。

① 林显鹏.国际大众体育现状及发展趋势[C].北京：国家体育总局群体司，国家体育总局体育信息研究所，2001：35-36.

② 中国群众体育现状调查课题组.中国群众体育现状调查与研究[M].北京：北京体育大学出版社，1998：32.

六、西方国家为国民体育生活制订宏观发展计划，并提供法律保障

20世纪70年代以后，西方国家工业化和城市化进程不断加快，它在带来高度现代文明和快速经济发展的同时，也带来了社会老龄化、“文明病”持续增多、国民医疗费增加等一系列社会问题，相应的也给西方国家的生产和生活带来了较大的负面影响。1980年，美国总统卡特针对本国日益严重的社会老龄化和“文明病”增多等一系列社会问题提出促进国民自觉地参加体育活动是“最可期待的有回报的投资”。

西方国家政府积极调整大众体育战略规划和部署，为了在21世纪成为健康国家以及提高国民生活福利，西方国家自20世纪90年代以后纷纷有组织、有计划地推出本国大众体育发展规划，提出长期奋斗目标。如澳大利亚1994年推出《活跃澳大利亚》（*Active Australia*）计划，加拿大1990年推出《积极生活》（*Active living*）计划，英国1995年推出《体育：提升娱乐》（*Sport:Raising the Game*）计划、1997年推出《1998—2002年英国体育发展战略》，美国1990年推出《健康公民2000年》（*Healthy People 2000*）计划，日本1997年推出《终生保持增进身心健康的今后健康教育及体育的振兴对策》、2000年推出《振兴体育基本计划》，德国1985年制定第三个《黄金计划》（1985—1990年）等。

以上这些西方国家的全民健身计划在制订和实施中大都有以下几个方面的特点：（1）提出了本国全民健身计划的目标体系。西方国家对本国全民健身计划实施了目标管理，并提出了相应的目标体系。如日本文部省2000年制订的《振兴体育基本计划》中就提出大众体育的总目标是：其一，任何日本国民都应该选择自己喜爱的体育活动，无论在何时、何地都可以参与体育活动；其二，在参与体育活动的频率方面提出争取每周至少参加一次以上，日本国民完成这个目标的比例要达到50%。美国《健康公民2000年》的目标体系中提出了优先发展“增强体质”“保护健康”“疾病预

防与服务”三个总目标。（2）为了保证计划的顺利实施和目标的最终实现，西方国家建立了本国全民健身计划实施效果评价指标和评价监督机构。如美国《健康公民2000年》的“身体活动和健康”子目标包括12条具体评价指标，如2000年以前，美国6岁以上的国民中，30%以上要做到每天参加30分钟以上的轻度或中等强度的运动，80%的人了解体育和健康常识；对全国体育设施建设提出了相应规定，要求到2000年，在社区中每25 000人至少拥有1座公共游泳池，每10 000人拥有1英里的健身小道，每1 000人拥有4英亩的公园与休闲体育场地①。美国为了高质量、高效率实施《健康公民2000年》计划，组建了实施《健康公民2000年》计划联合体来指导该项计划在全国的推进，并且专门成立办公室。该联合体还通过指定的评价研究机构和51个州建立了“健康公民2000年”数据库，每年向全国国民公布该计划实施的具体发展状况和实施效果②。（3）全民健身计划实施注重宣传。为了有效实施全民健身计划，促进国民形成积极的体育生活方式和良好的参与体育活动的意识，西方国家往往通过电视、广播等现代媒体，积极向民众进行体育基本知识、基本技术、基本技能等方面的科普宣传和教育。如德国大众体育开展的成功离不开宣传的巨大作用。德国体育主管部门为了推动大众体育快速发展，提出了大量简洁而又充满活力的体育口号，并在电视、广播、报刊、墙面广告等媒体中大力传播，这使得体育口号鼓励和激发人运动的功效成倍增长，并深入人心、家喻户晓。这些体育口号有“一起运动”“有氧耐力锻炼130分钟”“最好的锻炼效果在俱乐部”等③。

为了保障国民体育生活顺利和健康发展，西方国家还制定了很多相关的法律和制度，其中有关增加和开发体育设施的法律和制度最多，如1961年美国房产与城市发展部颁布的《开放场地计划》、1965年美国政府颁布的《联邦规划休闲法》、1965—1966年美国国家公园服务部和美国森林服务部

① 林显鹏.国际大众体育现状及发展趋势[C].北京：国家体育总局群体司，国家体育总局体育信息研究所，2001：31.

② 林显鹏.国际大众体育现状及发展趋势[C].北京：国家体育总局群体司，国家体育总局体育信息研究所，2001：150.

③ 潘华.德国大众体育研究[R].北京：国家体育总局政策法规司，2012：68.

颁布的《第66号令》，1976年日本颁布的《关于推进学校体育设施对外开放法令》等，特别是美国的法律规定，为修建社区体育设施，政府“可与有关团体以及个人谈判，谈判不成可以市场价格强行征用土地”[①]。

七、西方现代体育生活理念科学化及监控

西方现代体育生活理念的科学化体现在以下几个方面：

（1）对体育生活与健康促进关系的科学认识。第二次世界大战以后，西方体育学界通过多年实践和理论研究发现并达成共识——体育的生活化可以促进人类的健康，即经常参加体育活动可以促进身体健康，如有利于身体素质的不断提高，有利于各种“文明病”的预防和治疗，有利于心理健康，有利于社会交往，在构建和维持人们和谐的社会关系方面有着重要的作用，等等。人类对于体育生活促进身体健康、心理健康和社会健康的认识也是经过了漫长的时间，半个多世纪以前，人类认为参加体育活动仅仅有益于身体健康，后来才逐渐认识到体育活动对于心理健康和社会交往都有着重要的影响。1986年，加拿大举办的“健身高峰会议”提出了一个全新的概念——“积极生活”（Active Living），这个概念引起了与会专家高度关注。“积极生活”是指体育活动受到尊重并融入日常生活的一种生活方式，它意味着在日常生活中寻找愉悦的机会，在家庭、学校、工作单位以及在闲暇时间参加体育活动[②]。这一概念的提出对西方乃至国际大众体育的思想产生了重大影响。“积极生活”使人们对“体育生活与健康促进的关系”有了全新的认识，其内容包括：低强度到高强度的体育活动都有益于身体健康，都可以提高个人的幸福感和生活质量；强调创造有利于体育活动开展的物质、社会和文化环境，以提高人们参加体育活动的动机；将体育视为一种文化；强调终身体育思想；将体育活动与人的身体、心理和社

① 林显鹏.国际大众体育现状及发展趋势[C].北京：国家体育总局群体司，国家体育总局体育信息研究所，2001：8-29.

② 林显鹏.国际大众体育现状及发展趋势[C].北京：国家体育总局群体司，国家体育总局体育信息研究所，2001：6.

会交往结合在一起；强调个人参与体育的自愿性和自觉性；强调所有公民参与体育活动的公平性和平等性。从此之后，西方国家政府和社会越来越重视“积极生活”的重要意义以及体育生活与健康促进的关系。1986年，第一届国际健康促进大会特别对“健康促进”进行了界定，即“使人们具有调整和提高自身健康能力的过程”。1988年，第二届国际健康促进大会召开以后，有17个欧洲国家推出了本国的“健康国家”标准。1994年，世界卫生组织与国际运动医学联合会在德国科隆联合召开了“健康促进与体育”国际会议，大会敦促各国政府必须采取行动，创造一个使公民形成和保持体育生活方式的社会和体育环境，并把推动大众体育发展作为公共健康与社会政策的组成部分①。

（2）对体育生活社会功能的科学认识。1995年，欧洲各国体育部部长在葡萄牙里斯本签订了《体育对社会的意义宣言》，他们充分认识到体育活动在促进健康、社会和经济发展等方面的重要功能，并一致认为应将大众体育发展视为政府决策的重要依据之一②。

（3）对体育生活中锻炼强度的科学认识。20世纪50年代的美国，集体项目体育活动得到了普遍推广，然而这段时期，学界对于体育生活中体育锻炼的强度并没有充分的认识。70年代，学界认为运动强度越大越有益健康，如疾跑与篮球。80年代以来，以美国为代表的学界专家从流行病学、体育学和卫生学角度对运动强度进行了长期的科学研究，发现人们参与运动强度大的体育活动，虽然可以带来健康，但有时因运动强度控制不当、运动冲撞过于激烈等原因会给身体带来很多伤害，如拉伤、骨折等。相反，中等强度体育活动，如健步走、骑自行车、爬楼梯、打乒乓球、慢跑等更加有益于身体健康，特别是对于各种“文明病”的防治都大有裨益。为了减少因运动强度和运动时间控制不当而给人类身体带来不必要的伤害，美国专家公布了不同体育活动项目的运动强度与运动时间的关系（见图2-

① 林显鹏.国际大众体育现状及发展趋势[C].北京:国家体育总局群体司,国家体育总局体育信息研究所,2001:42-46.

② 林显鹏.国际大众体育现状及发展趋势[C].北京:国家体育总局群体司,国家体育总局体育信息研究所,2001:326.

21）。后来，这些成果逐渐被西方国家普遍认识并加以推广。因中等运动强度对于大众体育发展的重要价值，西方国家纷纷提出了“体育人口”的概念。虽然英国、加拿大、新西兰、澳大利亚、美国、日本等国的“体育人口”概念在定义上存在一定的差异，但总体是一致的，均把每周参加3次以上中等强度体育活动，每次20～30分钟作为界定“体育人口”的重要指标[①]。

强度较小，更多的时间

刷车45～60分钟
擦窗户或地板45～60分钟
玩排球45分钟
玩触人美式足球30～45分钟
园艺30～45分钟
玩轮椅30～40分钟
35分钟内走完1.75英里（20分钟/英里）
玩篮球（飞镖）30分钟
自行车（30分钟/5英里）
跳舞（社交场合）30分钟
耙叶子30分钟
散步2英里30分钟（15分钟/英里）
水中有氧运动30分钟
游泳20分钟
轮椅篮球20分钟
篮球（参加比赛）15～20分钟
自行车（15分钟/4英里）
跳绳15分钟
跑步1.5英里15分钟（10分钟/英里）
爬楼梯15分钟

强度较小，更少的时间

图2-21　不同体育活动项目的运动强度与运动时间的关系

另外，西方国家十分重视对本国国民健康体质状况数据的测定，为制定下一步国民体育生活健康发展行动方案提供依据。如1981年加拿大卫生部门通过抽样调查，抽取出3万名7岁以上的公民，在半年时间里实施了“加拿大健康调查”。1986年，加拿大还从3万个样本中又抽出4 000人，使

① 林显鹏.国际大众体育现状及发展趋势[C].北京:国家体育总局群体司,国家体育总局体育信息研究所,2001:28-29.

用几乎同样的调查问卷进行了国民健康的追踪调查。加拿大通过这两次健康调查得到了大量宝贵的国民健康现状数据和比较数据。之后，美国、英国、新西兰、澳大利亚、日本等国都效仿加拿大的国民健康调查模式，定期对国民健康状况进行调查，并建立国民健康数据库[①]。

① 董新光，李建国，吕树庭．社会体育［M］．北京：人民体育出版社，2004：342.

第三章　我国农村体育生活方式现状

目前，我国农村居民的生产和生活都发生了巨大变化，生产方式和生活方式也不再单一，而是呈现出多元化趋势。现代体育生活方式作为一种健康、文明、科学的生活方式，正契合目前新农村建设所推崇的农村生活方式。那么，我国农村居民的体育生活方式情况如何呢？这是学术界极为关注的问题。本书采用问卷调查法和访谈法来获取所需信息，以展示新农村建设背景下我国农村居民体育生活方式的现实状况，为如何构建我国新型农村现代体育生活方式打下实证方面的基础。

第一节　我国农村体育生活方式现状调查

一、问卷调查的内容

根据体育生活方式系统的四个基本构成要素，即体育生活条件、体育生活主体、体育价值观[①]和体育生活形式，将农村体育生活方式有关这四个方面的内容纳入调查问卷中。在大量阅读文献资料和对部分相关研究领域的专家、村民进行访谈，以及把握我国农村体育生活方式系统整体情况的基础上，我们对这四个方面进行分析和指标的细化，形成问卷的初稿。

① 注：因研究需要，将我国农村体育价值观的现状分析放在第五章第一节。

二、问卷的效度

本书通过内容效度测量来检验问卷的效度。我们邀请了8位相关领域的专家，采用专家评判法来检验问卷效度，评判标准为“非常有效”“较有效”“一般”“不太有效”“无效”。具体效度检验结果见表3-1。可见，选择“非常有效”和“有效”的专家人数为6人，占到总专家人数的75%，说明该问卷效度较高。

表3-1　专家评判效度检验结果统计

	非常有效	有效	一般	不太有效	无效
人数/人	2	4	2	0	0
百分比	25%	50%	25%	0	0

三、样本的选取

本书的研究对象是我国农村体育生活方式，因此，问卷的调查对象是村民。然而，我国幅员辽阔，东部、中部和西部地区无论自然环境、社会环境以及经济环境等都存在较大的差异。为了保证调查样本的代表性，本书采取以下几个步骤：（1）通过分层抽样，从东部、中部和西部地区分别选取2个省份，共计6个省份。它们分别是江苏、福建（东部地区），安徽、湖北（中部地区），陕西、云南（西部地区）。（2）从6个省份中分别分层抽取出3个县。因为社会体育发展程度与当地的经济发达程度存在较高的正相关性，所以本书将以这6个省份2010年各县GDP为标准将每个省份的县平均分成高、中、低三段，每段各抽一县。（3）从每个县随机抽取2个乡镇。（4）从每个乡镇随机抽取2个行政村。通过这四个步骤，共抽出72个行政村。我们在各行政村中抽取非同户村民30人，这样从6个省份共抽取样本数2 160个。

四、问卷的发放

利用寒假期间，外出农民工和学生回乡之契机，我们到72个行政村发放问卷2 160份，回收有效问卷2 052份，有效率为95%。

五、问卷的信度

为了保证调查内容的可信性，采用重复测试法。发放问卷后15天，选取安徽省一个样本行政村，重新填写了问卷（30份）。将两次测量结果进行相关度分析，r=0.81（p<0.01），说明本次调查问卷的信度较高。

六、样本的分布

在2 052个调查对象中，男性村民1 062人，比例为51.8%；女性村民为990人，比例为48.2%。调查对象的年龄分布见表3-2，调查对象的文化程度分布见表3-3，调查对象的区域分布见表3-4。

表3-2　调查对象的年龄分布

年龄段	频数	百分比
18岁及以下	221	10.8%
19～30岁	403	19.6%
31～45岁	647	31.5%
46～60岁	451	22%
61岁及以上	330	16.1%
合计	2 052	100%

表3-3　调查对象的文化程度分布

文化程度	频数	百分比
大学专科及以上	124	6%
高中或中专	347	16.9%

续表

文化程度	频数	百分比
初中	676	32.9%
小学	719	35%
文盲	186	9.1%
合计	2 052	100%

表3-4　调查对象的区域分布

区域	频数	百分比
东部地区	678	33%
中部地区	693	33.8%
西部地区	682	33.2%
合计	2 052	100%

第二节　我国农村体育生活方式现状分析

一、体育生活的条件

农村的体育生活条件是农民参与体育生活的精神支持和物质保障，主要包括体育生活物质资源和体育生活精神资源两大类，也可以分为物力资源、人力资源、财力资源、管理资源、政策和知识信息资源等。由于每种资源所包含的内容较多，我们只在每种资源中选取一些重要的内容进行阐述。

(一)物力资源:农村公共体育场地设施情况

十几年前，我国各省份对农村公共体育场地建设的经费支出严重不足。2003年，全国第五次体育场地普查的数据显示：占全国总人口6成的农村人口只拥有全国2成的体育场地资源①。2003年，胡锦涛同志在中央农村工作会议上指出，全面建设小康社会最艰巨、最繁重的任务在农村，并明确提出要更多地关注农村，关心农民，支持农业，把解决农业、农村和农民问题作为全党工作的重中之重。2004年，国家体育总局将这一年确定为"农村体育年"。随后几年，国家不断加大对农村体育设施的投入力度，特别是2006年3月国家体育总局下发了《关于实施农民体育健身工程的意见》（以下简称《意见》），《意见》要求加大对农村体育事业发展的扶持力度，建设好群众健身场地，方便群众就近参加体育活动。《意见》中规定农村公共体育场地设施建设的基本标准是：一块混凝土标准篮球场，配备一副标准篮球架和2张室外乒乓球台。在此基础上，提倡经济较好、人口较多的地区在尊重农民意愿的前提下，增加面积、器材及设施，形成体育文化广场，更好地满足农村体育文化生活需求。从2006年开始，全国各级政府纷纷制定农民体育健身工程方案，成立实施农民健身工程领导小组，并将该项工作列为新农村建设的一项重要内容，甚至作为各级政府年终考核任务，保证农民体育健身工程的顺利实施。定南县是江西省南部经济欠发达县，2006年至2008年，该县在25个行政村新建25套基本标准的农村公共体育场地设施；在13个行政村新建健身路径15套。经过统计，截至2008年，定南县有38%的行政村拥有篮球场、门球场、全民健身路径工程等活动场所②。经济发达的江苏省江阴市，近几年十分重视群众体育工作，并将城乡"十分钟体育健身圈"和镇、村"新四个一工程"建设作为推动群众体育工作展开的两个"抓手"。"十分钟体育健身圈"是指城乡居民从家到体育健身场馆（地）或设施的路程应在10分钟路程以内，同时锻炼场所提供体育健身实践和理论知识的辅导、咨询等服务。2012年，"十分钟体育健身圈"建设工程被纳入江阴市委、市政府为市民办的十件实事之一，并且市委、市政府提出要不断推动该工程向农村覆盖，争取2012年末该工程的农村覆盖率达到50%，至2014年实现全覆盖。由于该市经济发达以及市政府对农村体育场地和设施建设的高度重视，2006年该市就已完成"村村体育健身

① 杨桦.全民健身理论与实践[M].北京:北京体育大学出版社,2006:383.

② 定南县教育局.定南县体育健身场馆建设工作总结[EB/OL].http://www.jxdnjy.com/onews.asp?id=95.

工程”。为进一步缩小城乡体育场地和设施差距，该市又推出市、镇、村“新四个一工程”。截至2009年，100%的镇（街道）都建有标准游泳池、400米塑胶田径场、2 000平方米全民健身活动中心；70%的镇（街道）拥有体育馆①。2012年，国家体育总局群体司司长盛志国公布全国农村体育场地和设施建设数据，“十一五”期间，全国农民体育健身工程共投入118.3亿元，工程建设数量达到23.130 6万个，分布于全国36%行政村；农村新增体育场地面积2.3亿平方米，人均新增场地面积0.7平方米②。

(二)人力资源:社会体育指导员

社会体育指导员指在群众性体育活动中从事运动技能传授、健身指导和组织管理工作的人员③。他们是人们体育生活方式系统不可或缺的重要组成部分。从社会体育指导员的社会功能来看，农村社会体育指导员的数量和质量直接关系到我国农村体育工作开展的效率，并最终体现在农民体育生活质量上。1993年，国家体委（现为国家体育总局）颁布了《社会体育指导员技术等级制度》，标志着我国群众体育工作在制度化方面又迈出了坚实的一步，加速了社会体育指导员培训机制的完善。在各培训单位的积极参与下，我国社会体育指导员人数截至2013年已达到110万④。然而，我国农村社会体育指导员的培养远远落后于城市。《2007年公益性国家级社会体育指导员培训工作研讨会会议纪要》中显示，占人口近六成的农村，其社会体育指导员仅占全国社会体育指导员总数的10%。我们调查中也发现了这一点，只有15%（89人）的直接参与体育活动的村民回答有社会体育指导员组织和指导他们参加体育活动。问及这89个村民“社会体育指导员组织和指导您体育活动的频率如何”时，回答“每月10次以上”的占14.6%

① 刘敏.江阴将“十分钟体育健身圈”纳入政府十件实事[EB/OL].http://sports.titan24.com/other/2012-05-04/212591.html.

② 王洋.近两年全国建成10万个健身工程山西农村体育设施已实现全覆盖[EB/OL].http://news.hexun.com/2012-09-26/146252298.html.

③ 肖林鹏.社会体育管理[M].北京:北京体育大学出版社,2005:118.

④ 华奥星空.中国社会体育指导员协会网站正式开通运行[EB/OL].http://www.sports.cn/mass/all/xc/2013-09-11/2275472.html.

（13人），回答“每月5～9次”的占22.5%（20人），回答“每月1～4次以上”的占21.3%（19人），回答“每年偶尔几次”的占41.6%（37人）；问及“您认为社会体育指导员组织和指导村民们参加体育活动有必要吗”，回答“非常必要”的占31.5%（28人），回答“必要”的占39.3%（35人）、回答“无所谓”的占19.1%（17人），回答“不必要”的占10.1%（9人）。以上数据反映出三个信息：其一，我国农村社会体育指导员十分匮乏；其二，社会体育指导员指导和组织农民体育活动的频率并不高，有些人甚至长时间没有参加过对村民体育活动的指导和组织工作；其三，参与体育活动的农民对社会体育指导员的指导和组织需求很高。因此，加快和加强农村社会体育指导员的培训势在必行。国家体育总局2011年下发的《社会体育指导员发展规划（2011年—2015年）》中规定：到2015年，“农村达到每两千人至少拥有一名社会体育指导员的目标”。为此，各个地方加紧对农村社会体育指导员培训工作。在培训中，很多地方采取了不同的做法。例如，2009年，天津市体育局为了完成培养1 500名农村社会体育指导员的任务，要求凡列入2009年农村“五个一工程”全民健身设施建设计划的行政村，每村选派1名志愿参与本村体育组织、指导、宣传工作的村民参加农村社会体育指导员培训①。江苏省淮安市的做法吸引了国家体育总局和众多媒体的关注。该市合理地把握住了中共中央组织部选聘十万名大学生村官以及江苏省“一村一社区一名大学生”工程的机遇，推出大学生村官社会体育指导员工程。该工程不仅锻炼了大学生村官的农村社区服务和组织能力，还有效解决了农村缺少一批高文化素质、具备一定体育实践和理论知识的体育组织工作者的难题。该工程的实施让全市近700名大学生村官成为农村社会体育指导员，目前他们已经成为推动淮安市农村体育发展的中坚力量②。图3-1所示为淮安市楚州区车桥镇万寿村大学生村官带领村民学习健身操。

① 天津市体育局.关于天津开展农村社会体育指导员培训工作的通知[EB/OL].http://www.sport-monline.cn/TiCMS/xwdt/830.htm.

② 鲍其美.实施大学生村官社会体育指导员工程推进农村体育工作快速健康和谐发展[EB/OL] http://tyj.huaian.gov.cn/jsp/default/content.jsp?articleId=677371.

图3-1　大学生村官带领村民学习健身操

（三）农村体育经费

农村体育工作的正常开展离不开农村体育经费的支持。2002年，国家体育总局出台的《农村体育工作暂行规定》要求，农村体育事业经费和体育基本建设资金应当列入县级财政预算和基本建设投资计划，并随着经济发展，逐步增加对体育事业的投入。应该说，县级财政应该对农村体育经费和基本建设投入承担责任。然而，2002年我国的GDP为102 398亿元[①]，相对于2012年全国GDP 519 322亿元来看[②]，2002年的GDP仅为2012年的19.7%，可见，21世纪初，我国的经济发展还较弱，县财政要抽出资金投入农村体育中困难重重。如2003年，四川省农村人均体育经费（不含学校）仅为0.21元[③]。也是在这一年，陕西省对本省农村体育组织管理进行调查时发现，各县平均体育经费支出仅为12.1万元[④]，而能投入农村体育的经费更是少之又少。在税费改革和取消农业税之前，乡镇要开展农村体育活动或建设农村体育设施，若无法获得县和乡镇财政的支持，只能寻求村民摊派。在税费改革和取消农业税之后，乡镇财政的主要来源消失，乡镇财政经费不足。同时，中央坚决杜绝向农民摊派，这就导致农村体育经费更加难以

① 国家统计局.2002年国民经济和社会发展统计公报[EB/OL].http://www.china.com.cn/chinese/EC-c/284778.htm.

② 国家统计局.统计局发布2012年国民经济和社会发展统计公报[EB/OL].http://www.gov.cn/gzdt/2013-02/22/content_2338098.htm.

③ 杨桦.全民健身理论与实践[M].北京:北京体育大学出版社,2006:423.

④ 杨桦.全民健身理论与实践[M].北京:北京体育大学出版社,2006:430.

筹集。这时国家已经开始注意到农村体育缺乏经费的问题。2006年，国家体育总局颁布了《关于实施农民体育健身工程的意见》，其中明确规定，农村公共体育场地设施建设经费以中央和地方各级政府财政投入为主、社会资金为辅，农民可自筹资金、投工投劳，体育彩票公益金主要在器材配置上予以支持。从此，各个地方农村体育场地设施建设的经费投入开始多元化。江苏省是大力推动农村体育发展的省份之一。2008年，江苏省农民体育健身工程调查组对本省农民体育健身工程的情况进行调查。调查结果显示，两年来，主要有三个方面的经费投入农民体育健身工程建设：其一，省体育彩票公益金。它作为专项引导资金，共计投入3.3亿元。其二，县、镇财政投入。因农业税的减少，县乡（镇）两级政府的财政收入也相应减少，但作为村级体育场地设施建设的责任主体，县（镇）两级政府想方设法筹集资金并投入6.8亿元（占总投入的41.7%）。其三，社会捐款和赞助。在政府的大力宣传下，为了促进农民体育健身工程的顺利实施，各类社会组织、企业、事业单位，甚至个人不断出钱出力，如张家港市凤凰镇的飞翔集团，投资1 200万元建成农民体育公园，民营企业华宇集团赞助100多万元在城中村建健身广场。像这样的例子还有很多，由于大量的社会组织、企事业单位、个人参与到农民体育健身工程中，最终形成了江苏省农民体育健身工程多元化的投资渠道①。

江苏省作为经济发达省份，其优秀的农民体育健身工程实施成果与其经济发展程度高密切相关。在很多经济基础还较弱的中西部省份，其县乡（镇）两级财政拮据，农民的年均收入和农村体育的市场化程度还较低，通过投资渠道多元化解决发展农村体育的资金缺口还很困难。因此，在中西部省份，发展农村体育无法全面脱离政府的支持。虽然《农村体育工作暂行规定》中规定县级财政是农村体育经费和基本建设投入的主要责任人，即地方财政投资应该成为所有农村体育经费投入中占权重最大的主体，但是这项任务逐渐演化为以体育彩票公益金大部分甚至全面替代县级财政对农村体育的资金投入。2011年8月，在安徽省合肥市召开了落实《全民健

① 江苏省体育局群众体育处.江苏省实施农民体育健身工程调查[EB/OL].http://www.jssports.gov.cn/info/2009/3/18/info_304_20334.html.

身条例》情况汇报会，会上江西体育局副巡视员杜雅军会上就谈到江西省有些地区用体育彩票公益金代替财政投入[①]。可见，各省市都在设法推动农民体育健身工程的实施，但因各省市地方财政、经济基础等方面的差距，该工程在实施过程中所产生的效果差异很大。

（四）农村体育管理组织系统

改革开放之前，我国社会体育管理体制实质上是一种由政府全面负责、管理的典型政府管理体制。这种管理体制有其自身的优点和缺点（见表3-5[②]）。改革开放之后，国家对这一管理体制做出了调整。1986年，国家体委出台了《关于体育体制改革的决定（草案）》，1993年又出台了《关于深化体育改革的意见》，其中指出中国体育改革总目标，即"建立与社会主义市场经济体制相适应，符合现代体育运动规律，国家调控，依托社会，有自我发展活力的体育体制和良性循环的运行机制，形成国家办与社会办相结合、集中与分散相结合的格局"。1994年，全国开始了县级机构的改革，当时很多县体委与其他部门合并。1995年，国家体委在《关于县级体育工作的调查报告》中指出：机构合并后全国有3%的县体育工作得到加强，有60%的县体育工作被削弱，有50.1%的县体育经费减少。可见，合并后全国大部分县级体育工作被削弱，这种状况十分不利于当时农村体育的开展。从乡镇政府层面来看，虽然乡镇是我国农村基层政府，但是它不再设置体育行政部门。然而，《中华人民共和国地方各级人民代表大会和地方各级人民政府组织法》第六十一条规定，乡、民族乡、镇的人民政府有管理执行本行政区域内的经济、教育、科学、文化、卫生、体育事业等行政工作的职权，从法律上明确了乡（镇）政府管理农村体育的事权。所以，各乡、民族乡、镇政府为了发展当地农村体育事业，分别根据实际情况建立了不同类型体育组织——有依托乡镇政府的乡镇级体育协会、体育总会、文体站等，有由乡镇领导任组长的乡镇全民健身领导小组或乡镇体育领导小组

① 徐栩.财政预算不到位是落实全民健身难点[EB/OL].http://www.ah.xinhuanet.com/news/2011-08/30/content_23584259.htm.

② 肖林鹏.现代体育管理.北京:北京体育大学出版社,2005:287.

等行使农村体育管理职权。1995年8月29日，《中华人民共和国体育法》（后文简称《体育法》）在第八届全国人民代表大会常务委员会第十五次会议上通过。《体育法》第十二条规定：农村应当发挥村民委员会、基层文化体育组织的作用，开展适合农村特点的体育活动。因此，在中国广大的农村，村委会、村体育指导站（点）、村文体站、村体育协会等农村基层体育组织都是指导和组织农村体育活动的体育组织，它们是农村体育发展的重要推动力量。

表3-5　改革开放前我国农村体育管理体制的优缺点

项目	主要内容	优点	缺点
活动形式	以生产部门为单位组织体育比赛	气氛热烈、场面大、宣传效果好	费用支出较大、组织管理复杂
活动内容	以竞技项目、军事项目为主	操作性较高	对场地有较高的要求，农村民俗传统体育易被忽视，难以满足村民个体的体育需求
活动时间	节假日、上级领导单位要求	人员集中、参与度高	难以生活化
组织体系	以政府主导为主	有固定的组织机构和专门人员负责	农村体育组织力量薄弱
运行机制	依靠行政手段	效率高	难以调动村民自主参与积极性
经费来源	以政府拨款为主	有固定来源	经费较少

（五）农村体育法规制度建设

农村体育法规制度建设是保证农村体育管理制度化、规范化，提高管理效能，解决农村体育物质和精神资源匮乏，调动农民参与体育活动积极性的一个重要前提。改革开放后，我国有关农村体育的法规制度建设逐渐走向正轨。从国家层面来看，目前涉及农村体育工作的现行主要法规制度见表3-6。一般来说，国家层面颁布的涉及农村体育的法规制度大部分是推动农村体育事业发展的总目标、总原则和基本要求，是宏观性的，而各个地方如何贯彻实施，还需根据当地实际情况，制定一些具有针对性和可操作性的法规制度。如2013年，安徽省体育局为了推行安徽省美好乡村建设，进一步开展农村体育活动，出台了《开展民生工程“农村文化建设专项补助”农村体育活动的实施办法》，要求结合全省美好乡村建设，每个行政村每年开展六场喜闻乐见的体育活动[①]。自2009年开始，浙江省嵊州市人民政府出台了《关于开展嵊州市新农村小康体育村创建活动的实施意见》，要求加快村级公共体育场地建设，到2012年本市有半数行政村达到新农村小康体育村的要求，努力使各小康体育村村民公共体育用地达到人均1平方米及以上，经常参加体育锻炼的人口达到40%及以上[②]。目前，像上述这样的地方性农村体育法规制度在全国非常普遍，这说明我国农村体育法规制度建设已经达到了一定的高度。

表3-6　1995年—2013年国家层面有关农村体育的主要法规制度一览（更新到2016年）

有关农村体育法规制度名称	颁布单位	颁布时间
全民健身计划纲要	国务院	1995年6月20日
中华人民共和国体育法	第八届全国人民代表大会常务委员会	1995年8月29日
国家体委关于深化改革加快发展县级体育事业的意见	国务院办公厅	1996年11月25日
农村体育工作暂行规定	国家体育总局、农业部	2002年4月12日
中共中央、国务院关于进一步加强和改进新时期体育工作的意见	中共中央、国务院	2002年7月22日
公共文化体育设施条例	国务院	2003年6月18日
关于加强少数民族传统体育工作的意见	国家民委、国家体育总局	2006年1月16日
关于实施农民体育健身工程的意见	国家体育总局	2006年3月20日
中共中央、国务院关于加强青少年体育增强青少年体质的意见	中共中央、国务院	2007年5月7日
全民健身条例	国务院	2009年8月17日
关于发挥乡镇综合文化站的功能进一步加强农村体育工作的意见	国家体育总局、文化部、农业部	2010年6月29日

① 安徽省体育局.安徽省体育局开展民生工程“农村文化建设专项补助”农村体育活动的实施办法[EB/OL].http://www.bztyj.com/E_ReadNews.asp?NewsID=377.

② 嵊州市人民政府.嵊州市新农村小康体育村创建活动的实施意见[EB/OL].http://bbs.sz.zj.cn/thread-193341-1-1.html.

续表

有关农村体育法规制度名称	颁布单位	颁布时间
国务院关于印发全民健身计划（2011—2015年）的通知	国务院	2011年2月5日
体育事业发展“十二五”规划	国家体育总局	2011年4月1日
中央补助地方农村文化建设专项资金管理暂行办法	财政部	2013年4月10日

二、体育生活主体

（一）体育生活人口数及结构

本书没有采用“经常参加体育锻炼人口”的概念，这是因为2007年《我国第三次群众体育现状调查》对“经常参加体育锻炼人口”的定义是每周参加3次及以上、每次锻炼持续时间30分钟及以上、每次锻炼的强度达到中等及以上的人。而我们调查后的数据和实地访谈显示，由于场地限制、农作物季节性、外出务工等原因，仅有7.2%（147人）的村民同时满足上述三个条件，且操作性不高，在农村采用“经常参加体育锻炼人口”概念的价值并不高，也不能反映目前农村体育生活参与情况，这是其一。其二，基于“体育生活”概念强调“参与”，淡化了“运动强度”和“运动时间”的特点，以及农民体育生活价值结构的多元化，农村体育生活的外延丰富多样，因此，我们采用“体育生活人口”这个概念来代替“经常参加体育锻炼人口”，并按照“直接参与、间接参与”和“主流型体育项目、非主流型体育项目”两个维度将体育生活参与划分为三个层次：（1）直接参与主流型体育活动。主流型体育活动是指在当前社会中占据主导或中心地位的、大众化的体育活动。如篮球、足球、排球、健美操、羽毛球、乒乓球、网球、广场舞等当前民众关注度最高、选择参与率最多的体育活动。（2）直接参与非主流型体育活动。非主流型体育活动至少要满足下列三个条件之一。一是在当前社会中不占据主导或中心地位的体育活动，如垂钓、远足、攀岩、桥牌等；二是非大众化的体育活动，如舞龙、舞狮、打陀螺、极限运动等；三是另类的体育活动，如竞技麻将、电子竞技等体育活动。需要说明的是，竞技麻将、电子竞技虽然参与人数众多，并且它们分别于2003年和1998年被国家体育总局纳入体育项目名单中，但是它们在民间都存在“赌博”“网瘾”等负面影响，所以我们把它们列为“另类”的非主流型体育项目。(3）间接参与各类体育活动（主流型和非主流型体育活动)。如撰写体育类资料，探讨体育类信息，看体育类图书报刊，通过电视和网络欣赏体育比赛以及组织、管理体育活动，等等。以上三个层次所包括的体育生活行为都是体育生活内容的重要组成部分。在体育生活的开展频率方面，我们不能特别强调参与体育活动的长期持续性，还要考虑农村农作物的季节性、春节期间农民工回家过年以及民俗传统体育活动大多在节庆时开展等特点。因此，我们提出的农村“体育生活人口”是指长期持续地或有规律地直接或间接参与各类主流型和非主流型体育活动的人群。通过上述标准的划分，我们可以将体育生活人口划分为“直接体育生活人口”“间接体育生活人口”和“综合体育生活人口”[①]三类。

我们在调查中发现，72个村落中有34.9%（716人）的村民通过直接方式或间接方式参与过体育活动，即有34.9%的村民是体育生活人口。针对这72个村落的体育生活人口结构，我们将从以下几个方面进行分析：(1）直接、间接和综合体育生活人口比例。从表3-7来看，综合体育生活人口最多，间接体育生活人口排在其次，直接体育生活人口最少。虽然直接体育生活人口仅占到体育生活人口的5.2%，但通过直接方式参与体育生活的村民比例为83%（即将综合体育生活人口的77.8%也纳入其中，共计594人)。(2）不同年龄的体育生活人口比例。从表3-8来看，18岁及以下的调查对象中在校学生很多，不过也有很多农村孩子初中毕业后没有继续升学，而是选择回乡务农或进城打工，这个年龄段的体育生活人口百分比最高，为50.7%。“19～30岁”和“31～45岁”这两个年龄段的体育生活人口百分

① 直接体育生活人口指仅仅通过直接方式参与各类主流型和非主流型体育活动，而没有通过间接方式参与的人群。间接体育生活人口指仅仅通过间接方式参与各类主流型和非主流型体育活动，而没有通过直接方式参与的人群。综合体育生活人口指既通过直接方式参与各类主流型和非主流型体育活动，又通过间接方式参与的人群。

比逐渐下降，这是因为他们大多数是已婚群体，并且是家里的主要劳动力，忙于农作和生计，有些还进城务工，所以巨大的生活和生产压力以及休闲时间的减少，迫使他们远离体育生活。不过“46～60岁”年龄段的体育生活人口百分比有所上升，这是因为这一年龄段的农民处于中年人阶段，他们的下一代已经离开学校或成为家里的主要劳动力，一些长期进城务工的中年农民也返乡了，随着生活和生产压力的不断减少，经济上的逐渐宽松，特别是休闲时间的增多，他们的体育需求逐渐增长，所以农村中年人参与体育生活的可能性逐渐增大。（3）不同性别体育生活人口比例。从不同性别所反映的数据来看（见表3-9），体育生活人口比例差异并不大，其中男性为35.4%，女性为34.3%。（4）不同文化程度体育生活人口比例。表3-10的数据显示，文化程度越高村民群体体育生活人口比例越高。（5）不同地区体育生活人口比例。通过表3-11可见，东部地区体育生活人口比例高于中部地区，中部地区又高于西部地区。相对于中西部地区，东部地区农村社会现代化程度较高，具体体现为社会、经济、文化、教育等方面的现代化程度较高，这些都是有利于农民参与体育活动的重要因素。

表3-7 72个村落直接、间接、综合体育生活人口百分比

体育生活人口类型	该类型体育生活人口数	占体育生活人口百分比	占调查人数百分比
直接	37	5.2%	1.8%
间接	122	17%	6%
综合	557	77.8%	27.1%
总计	716	100%	34.9%

表3-8 72个村落各年龄段体育生活人口百分比

年龄段	调查人数	体育生活人口数	占同年龄段调查人数百分比
18岁及以下	221	112	50.7%
19～30岁	403	123	30.5%
31～45岁	647	215	33.2%
46-60岁	451	169	37.5%
61岁及以上	330	97	29.4%
合计	2 052	716	

表 3-9　72 个村落不同性别体育生活人口百分比

性别	被调查人数	体育生活人口数	占同性别调查人数百分比
男	1 062	376	35.4%
女	990	340	34.3%
总计	2 052	716	

表 3-10　72 个村落不同文化程度体育生活人口百分比

文化程度	被调查人数	体育生活人口数	占同文化程度调查人数百分比
大学专科及以上	124	71	57.3%
高中或中专	347	154	44.4%
初中	676	254	37.6%
小学	719	194	27%
文盲	186	43	23.1%
总计	2 052	716	

表 3-11　72 个村落不同地区体育生活人口百分比

地区	被调查人数	体育生活人口数	占同地区调查人数百分比
东部地区	678	258	38.1%
中部地区	693	241	34.8%
西部地区	682	217	31.8%
总计	2 052	716	

(二)体育生活组织形式

在传统中国农村，集体开展的传统体育活动的组织形式多以宗族、家族、会社为单位。1949 年以后，随着宗族势力的减弱，以宗族、家族、会社为单位集体开展的传统体育活动越来越少，而农民参加现代体育活动却越来越多。在计划经济时期，特别是改革开放前，农村体育生活的组织管理是由政府引导。农民大多以公社、生产大队、生产队、民兵连、民兵排等组织形式为单位参加各类体育活动。1954 年，中共中央发出《关于加强人民体育运动工作的指示》，全国群众体育在全国“一盘棋”的指导思想下发展起来，这对于推动相对落后的农村体育发展发挥了重要的作用。改革开放以后，起初一段时间里，公社、生产大队、生产队、民兵连、民兵排等组织依然承担组织农民参与体育活动的任务，但随着改革的不断深入和市场经济体制的快速推进，这些组织形式迅速退出了承担农民参与体育活动组织角色的历史舞台，同时又有各种新型体育活动组织形式在农村出现了。20世纪90年代，国家开始不断加强和健全农村体育组织网络建设，县里有社会体育指导中心，乡镇建立了体育指导站，甚至条件不错的还成立了乡镇社会体育指导中心，行政村和自然村适时建立和发展体育健身点、农村体育协会、农民体育俱乐部，还有一些过去的民俗传统体育会社组织又重新恢复了。2007年9月，安徽省淮北市首个农村老年人体育协会——双楼村老年人体育协会及老年人体育活动中心成立，该协会在会长的领导下经常开展太极柔力球、健身球等体育活动。到该村访谈后发现，这个老年人体育协会采取了许多低成本运作方式，不仅起到促进老年人强身健体的作用，还解决了很多实际社会问题，诸如缓和和调解村民之间的矛盾、婆媳之间的矛盾，缓解老年人的孤独感，增加他们的幸福感、表现感和充实感，引起社会对农村五保户等弱势群体的关注，等等。这几年，在农村投资办企业的很多，其中很多资金雄厚的企业在厂里修建了体育场馆，让劳累一天的农民工参与到体育活动中来以达到放松自我的目的。福建省泉州市许多农村企业在建设体育场馆和购买体育设施上花了大力气，投入了大量资金。一家当地农村企业副总经理说："这不仅可以缓解劳资双方的矛盾，促进和谐，而且员工的生产效率也得到提高。"另一家公司负责人说："企业体育文化即是企业文化重要组成部分，也是企业和谐发展的重要体现。"[①]可见，很多农村企业负责人已经意识到体育活动不仅可以锻炼身体，增强体质，提高工人的生产能力，而且体育活动中所体现的竞争、进取、团队意识都在潜移默化地融入乡镇企业文化建设中，并且可以转变成促进乡镇企业经济发展的重要力量。我们在调查中还发现农村家庭体育已经出现了，这主要集中在经济较为发达的地区。在经济较落后的省份，家庭收入过低以及家里主要劳动力外出务工，是家庭体育开展相对滞后的主要原

① 黄和逊，胡锦武.政府引导，企业出力，农民参与——福建泉州农民健身热的背后态[EB/OL]. http://news.xinhuanet.com/sports/2008-10/31/content_10288663.htm.

因之一。相对于城市体育活动的高组织化程度，虽然农村体育活动组织化程度已经获得了长足发展，并逐渐呈现出多元化和网络化发展的趋势，但农村体育活动开展的社会组织力度并不高，我们在调查中也证实了这一点。从表3-12的数据可见，直接参与农村体育生活的组织形式主要集中在“独自一人参与”“与家人一起”和“与朋友一起”三个方面。

表3-12　72个村落村民直接参与体育生活的组织形式情况

组织形式	频数	占直接参与体育生活人口百分比
独自一人参与	345	58.1%
与家人一起	150	25.3%
与朋友一起	235	39.6%
宗族组织	46	7.7%
村委会组织	89	15%
农民体育协会组织	21	3.5%
体育健身点组织	87	14.6%
乡镇体育指导中心组织	74	12.5%
企业组织	19	3.2%
其他	15	2.5%

三、体育生活形式

(一)涉及的体育活动项目

改革开放前，农村的体育活动也相当丰富，但其农业生产性、政治性和军事性氛围较为浓郁。改革开放后，农村社会不再像过去那样信息闭塞，众多来自西方的体育活动项目在村子里随处可见，如篮球、乒乓球、羽毛球、健美等。特别是农民体育健身工程实施以来，篮球场、乒乓球台、全民健身路径也不再是“稀罕物”了，农民参与现代体育活动也不是奢求。西方现代体育项目不断出现在农村的同时，大量传统体育活动被边缘化，甚至消亡，形成了非常鲜明的对比。自2005年十六届五中全会提出建设社会主义新农村以及2011年《中共中央关于深化文化体制改革推动社会主义文化大发展大繁荣若干重大问题的决定》出台之后，国家以及各地方不断加强对农村优秀体育传统文化的挖掘、教育普及和保护力度。因此，这几年，各种形式的传统体育活动如雨后春笋一般重新出现。从调查中发现，目前在农村开展的体育活动项目丰富多样，其中散步和跑步、麻将、乒乓球、篮球和跳舞（健美操、广场舞等）分列前五位（见表3-13）。值得注意的是，大部分传统体育项目排序后置，这与传统体育项目普及度不高以及传统体育项目参与人群的固定性有关。

表3-13 72个村落村民直接参与的体育活动项目情况

活动项目	人数	选择百分比	排名
散步和跑步	287	48.3%	1
登山	125	21%	7
篮球	254	42.8%	4
足球	87	14.6%	10
乒乓球	256	43.1%	3
羽毛球	125	21%	7
跳舞（健美操、广场舞等）	214	36%	5
健美	26	4.4%	15
台球	18	3%	18
跳绳	56	9.4%	11
气功和武术	144	24.2%	6
舞龙	36	6.1%	14
舞狮	41	6.9%	13
游泳	122	20.5%	9
麻将	258	43.4%	2
电子竞技	26	4.4%	15
其他现代体育活动	22	3.7%	17
其他民间或传统体育活动	55	9.3%	12

从村民间接参与体育活动的情况来看（包含综合体育生活人口），虽然参与活动情况呈现出多元化，但排名第一位“通过电视和网络等媒体欣赏

体育比赛和了解体育信息”的百分比是排名第二位“组织、管理和指导体育活动开展”的百分比的近4倍，呈现出一枝独秀的现象（见表3-14）。这说明电视和网络已经成为村民了解体育、认识体育和获取体育信息的最为重要的工具。

表3-14　72个村落村民间接参与体育活动的情况

活动项目	人数	选择百分比	排名
研究、探讨和交流体育类信息	78	11.5%	4
看体育类图书报刊	86	12.7%	3
通过电视和网络等媒体欣赏体育比赛和了解体育信息	612	90.1%	1
到现场观看体育比赛	14	2.1%	6
组织、管理和指导体育活动开展	158	23.3%	2
其他	27	4%	5

（二）体育消费

体育消费是人们参与体育活动的重要标志之一，是满足人们体育需求的物质性和精神性消费。一般来说，体育消费是一种高层次消费，受到人的经济收入的限制。只有人的经济收入达到一定富裕程度时，人的体育消费能力才会活跃起来。北京大学经济学院教授刘伟曾说：“恩格尔系数在40%以下体育消费才有可能在消费需求中明显活跃起来。”中国社会科学院农村发展研究所发布的农村绿皮书《中国农村经济形势分析和预测（2013）》中指出，2012年我国农村居民恩格尔系数为39.3%[①]，这是我国农村恩格尔系数第一次降到40%以内。虽然我国农村恩格尔系数已经降到40%，但并不意味着农村的体育消费水平就达到了较高水平。通过表3-15可以看到，农村的体育消费才刚刚起步。我们对72个村落村民体育消费水平进行调查时发现，有近一半的村民从来没有进行体育消费，有三成村民每年体育消费不超过100元，只有3%的村民每年体育消费额度超过200元。可见，我国农民的体育消费水平还比较低。

① 中国社会科学院农村发展研究所，社会科学文献出版社．农村绿皮书《中国农村经济形势分析与预测（2013）》[EB/OL].http://domestic.kankanews.com/c/2013-04-10/0041078621.shtml.

表3-15　72个村落村民年体育消费额情况

年体育消费额	人数	百分比
0	944	46%
1~100元	657	32%
101~200元	389	19%
201元以上	62	3%
合计	2 052	100%

在对有体育消费行为的1 108名村民①进行调查时发现，他们的体育消费主要是实物性消费（见表3-16）。随着当前农村健身工程的深入实施，一个篮球场、两张乒乓球台已经成为村民们进行体育活动的主要设施，特别是一些孩子放学后或放假，经常会聚集在一起进行体育活动。相对于实物性消费，观赏性和参与性体育消费只占到少数，这与村民的经济收入不高密切相关。不过，我们在调查中发现，很多村落逢年过节时都会开展宗族祭祀体育活动。在活动中，需要消耗大量的物资，这些费用基本上是通过村民们"赞助"来解决的。而且，有些村子为了便于村民参与体育活动购置一些体育设施，购置经费常常是通过村民"赞助"方式来筹集。

表3-16　72个村落村民购买的体育商品和服务构成

购买的体育商品和服务	频数	百分比
体育服装和运动鞋	448	40.4%
乒乓球拍和乒乓球	272	24.5%
羽毛球拍和羽毛球	155	14%
篮球	266	24%
体育彩票	133	12%
体育类书籍和报纸	78	7%
其他体育用品	102	9.2%
村里开展体育活动或购买体育设施需要交纳的"赞助"	388	35%
购票观看体育比赛	13	1.2%
租赁体育场地进行体育锻炼	22	2%

① 虽然本次调查的体育生活人口为716人，但有些村民没有参与体育生活，也产生了体育消费，如村里开展体育活动或购买体育设施需要交纳的"赞助"，为家里孩子买些运动服装和体育器械等。

续表

购买的体育商品和服务	频数	百分比
参与体育培训	44	4%
其他	22	2%

（三）体育用品与制作

体育用品作为一种物质形态，存在于人们的体育生活中，其衍生发展不仅体现了体育文化的发展和变迁，也反映了不同发展阶段人们所处社会的政治、经济、文化、生活、宗族、风俗习惯等背景。在中国传统社会，传统体育用品是各个民族体育生活的重要载体，它们大部分是通过自制或村民、族人集体制作而获得。这些传统体育用品不仅与当地的自然环境和物质条件密不可分，还与当地人的生产劳动、生活和祭祀等活动息息相关。

（1）源于当地人生产的体育用品。弓弩是最典型的例子，弓弩起源于冷兵器时代。弓弩在汉族的政治、军事中扮演着十分重要的角色，但随着火器时代的到来，弓弩逐渐退出了中国汉族的政治和军事舞台。不过，此后弓弩却成为南方各少数民族狩猎和防御的工具，特别是苗族、彝族、独龙族、傈僳族、拉祜族、佤族等少数民族在狩猎和防御中经常使用。由于环境、风俗、文化上的差异，各民族制作的弓弩都存在差异。如傈僳族人在制作弓弩的弓臂时，首先用苞谷酵母将木板煮软，然后将木板折成弯形，熏干，最后打磨光滑；弓身需要挖制箭槽，挖箭槽需要用刀，刻时要求一刀刻成；弩弦的制作材料是麻和竹丝；弩牙和弩机采用的材料全部是骨头（见图3-2）①。彝族的弓弩多以木制，弦用牛皮筋制成，箭杆多为木质，也有铁质，箭头有铁质、铜质和骨质三种。拉祜族弩的弓臂是竹片制作而成，弩身常会选用梨木，弩弦与傈僳族的弩弦一致，弩箭全部由竹削成，箭端嵌羽尾（见图3-3）②。

（2）源于当地人生活的体育用品。陀螺就是这样一种体育用品，它的起源可以追溯到新石器时期（见图3-4）。在中国，陀螺深受各族少年儿童

① 雷葳.傈僳族的弓弩制作技术[EB/OL].http://big5.huaxia.com/ly/fsmq/dl/2010/09/2111667.html.

② 高涛，曾锡银.武术·射弩[M].银川：宁夏人民出版社，2011：321.

的喜爱。不同时期，不同民族制作的陀螺样式差不多，但材料差异较大，一般制作材料有陶、石、木制和砖瓦等，其中木制最多。木制陀螺在制作时，为了减少摩擦，会用铁钉、铁圆珠镶嵌在顶部，通过鞭子的抽打，陀螺会保持高速旋转。民间陀螺玩法多种多样，最常见的是在平整的硬地上或冰面上，通过鞭子不断地抽打，或让两个陀螺相互撞击；或看谁的陀螺转的时间最长，或几个陀螺竞速，看谁先到终点，或让陀螺越过各种障碍，等等。打陀螺不仅是农村孩子最喜爱的体育游戏之一，而且在一些少数民族的传统节日里，男男女女都会聚在一起打陀螺，它已成为促进友谊、交流感情的一种有效形式。图 3-5 所示为佤族人在玩鸡棕陀螺。

图 3-2　傈僳族的弩

图 3-3　拉祜族的弩

图 3-4　新石器时代的陀螺

图 3-5　佤族人在玩鸡棕陀螺

（3）源于当地人祭祀的体育用品。舞狮、龙舟、舞龙等都属于这一类。传统社会中，这一类体育用品大部分与村落或宗族的祭祀活动有关。它们的制作并不是某一家的事情，而是整个村落或宗族的大事件，因而在财力、物力和人力等方面每个村民和族人都要全力配合。因为这一类体育用品带有祭祀色彩，所以它们的保存和处理总是带有很多神秘性。如安徽歙县中秋舞草龙活动结束后，要将整条草龙烧毁；安徽休宁右龙村春节期间板凳龙活动结束后，各家将自家的板凳带回家（龙身是由各家自带的特制板凳连接组成（见图3-6），而龙头（见图3-7）要放置在宗祠里，等到来年春节时再请出。可见，上述三类传统中国农村或少数民族地区使用的体育用品，虽然在功能属性方面存在差异，但是不可否认它们的使用和制作已经深深融入当地人的生活和生产中，成为当前我国农村传统体育生活方式不可或缺的重要内容之一。

图3-6 休宁右龙村板凳龙龙身

图3-7 休宁右龙村板凳龙龙头

随着社会现代化进程不断推进，农民的生活方式和生产方式随之发生改变。传统体育生活作为农民生活和生产劳动的一部分也随之发生着变迁，大量的现代体育文化和现代体育价值观在现代媒体的作用下不断渗入农村，加上部分民俗传统体育难以满足农民新的体育价值观和价值需求，传统体育用品的统治地位已不复存在。现代体育用品已经成为众多农村家庭极其常见的体育用品，并且现代体育用品也不需要通过自我或村民集体制作，大部分通过市场购买即可获得。

（四）休闲时间和体育生活时间

休闲时间是指生产劳动与维持生命活动的生活必要时间（如饮食、睡眠等所需时间）以外的由个人自由支配的时间，体现了各种休闲活动量的分配及其相互关系。因此，休闲时间既是人们生活方式的重要内容之一，又是测定人们生活状态的一种指标。虽然休闲生活质量高低离不开休闲时间，但休闲生活内容的健康性、科学性、文明性、丰富性以及结构安排合理性都将直接影响人们休闲生活的质量。随着农村社会、经济和文化的快速发展以及农民生活水平的不断提高，农民的休闲活动内容越来越丰富多彩，多元性特征已经出现，其中体育生活就包含于休闲生活内容之中。调查显示，72个村落中体育生活人口的休闲时间呈现出多元状况（见表3-17）。在对716名体育生活人口的调查中发现，耗时排在前四位的分别是看电视和上网（不包括浏览和观看体育方面信息）、闲待和其他活动、棋牌活动（包括麻将）和会客聊天。需要指出的是，调查中我们通过直接参与各类体育活动（除了参与棋牌活动外）、棋牌活动（包括麻将）和间接参与各类体育活动三个指标来展现体育生活时间消耗情况。这三个指标中除了棋牌活动（包括麻将）排在第三位，其他两个指标——直接参与各类体育活动（除了参与棋牌活动外）排在第十位，间接参加体育活动排在第七位。棋牌活动（包括麻将）能够排在第三位，主要是棋牌活动中包含了麻将。麻将虽是一项体育活动，但村民们常常会采取赌博方式进行，而且活动中长时间静坐和抽烟都不利于身体健康；间接参与各类体育活动能够排在第七位，并排在文化和技术学习以及阅读图书和报刊（不包括体育类内容）之前，一方面说明目前农民体育生活意识正逐渐提高，另一方面通过实地访谈得知，这样的排名与很多农村体育人口特别喜欢通过电视和网络观看体育比赛和浏览其他体育信息有关，而且电视和网络使用简单方便，使用成本较低。直接参与各类体育活动的耗时排名是最能够反映村民体育生活质量情况的重要指标之一，但是它仅仅排在第十位。造成直接参与各类体育活动耗时排名靠后的原因十分复杂，我们将会在后面的章节中加以分析，这里不再赘述。

表3-17　72个村落体育生活人口休闲生活内容时间消耗排序

休闲生活内容	耗时排名
看电视和上网（不包括浏览和观看体育方面信息）	1
购物	6
阅读书籍和报刊（不包括体育类内容）	9
旅游	11
文化和技术学习	8
直接参与各类体育活动（除了参与棋牌活动外）	10
棋牌活动（包括麻将）	3
间接参与各类体育活动	7

续表

休闲生活内容	耗时排名
娱乐活动(除了体育活动外)	5
会客聊天	4
闲待和其他活动	2

(五)体育信息获取渠道

缺少体育信息的体育生活是不存在的。如踢足球前，参加者至少要掌握一些足球的基本技术，对足球比赛规则能够基本了解；若要通过电视观看一场美国职业篮球联赛，观看者至少需要有一定的篮球知识以及获取该场比赛的详细电视播放时间。上述两例说明，人类的体育生活是离不开体育信息的，而且体育信息的传播速度直接关系到人类体育生活质量的高低。传统社会中，体育信息获取渠道十分单一，主要是通过人与人的沟通来传播信息。这种人与人沟通的传播形式的特点是简单、信息量小，而且传播速度缓慢，因此，那个时期的人类体育生活质量并不高。当前在现代社会，科学技术不断进步，现代媒体日新月异，广播、电视、图书报刊、手机、网络等媒体成为人们主要的信息交流平台。这些新型信息交流平台有以下特点：突破时空限制、信息存储量大、信息传输速度快、信息表现形式多样、使用便捷、成本低廉等。因此，人们借助以上信息交流平台能够成倍地提升体育信息获取量和获取速度，有助于实现提高体育生活质量的目的。表3-18显示，调查中72个村落体育生活人口获取体育信息的渠道不再单一，而呈现出多样化，其中通过电视、电脑网络和手机等电子渠道获取体育信息的体育生活人口数分别排在第一、第四和第五的位置上，这说明村民们获取体育信息的渠道日益现代化。

表3-18　72个村落体育生活人口获取体育信息渠道情况

体育信息获取渠道	人数	百分比	排名
人与人沟通	564	78.8%	2
广播	121	16.9%	7
电视	677	94.6%	1

续表

体育信息获取渠道	人数	百分比	排名
图书报刊	165	23%	6
手机	214	29.9%	5
电脑网络	256	35.8%	4
宣传栏	72	10.1%	8
学校	367	51.3%	3
其他	17	2.4%	9

(六)体育生活场所

体育生活场所是实现体育生活的重要条件之一。通过查阅相关文献和访谈部分村民，我们了解到目前我国农村的体育生活场所大致包括家里、公路和街道、树林和河边、田间地头、学校的体育场地、村公共体育场所、村公共活动场所、城镇公共体育场所、城镇公共活动场所、厂矿体育场地、其他单位体育场地、体育消费场所等。调查显示（见表3-19）排在前三位的分别是自家室内或庭院、村公共体育场所、村公共活动场所；排在后三位来的分别是各类单位体育场地、体育消费场所和其他。通过前后三位的比较分析可得出四个方面的信息：一是村民选择体育生活场所首要考虑的因素是“离家近”，诸如村民打打牌或麻将、看看体育电视频道大都选在自家室内，举哑铃或石担基本上会选在自家庭院，打篮球和乒乓球大都会在村子的篮球场和乒乓球场上进行，即使是其他类体育项目的开展，如村里妇女跳广场舞、打羽毛球会选择在村里的篮球场或公共活动场所。选择去乡镇体育场所或公共活动场所的并不多。二是农村专门的体育场地种类和数量有限。通过调查发现，因农民体育健身工程的实施，篮球场和乒乓球场大部分村落都有，这相对于过去已经有了很大的提高，但若开展其他体育项目活动，除了利用篮球场以外，只能在村子里的公共活动场所、田间地头等空场地上进行。三是村落附近许多单位（包括企业）的体育场地并不向村民开放。四是村民到体育消费场所的很少，这主要有两个方面的原因：一方面，体育消费场所主要在乡镇或县城里，村民往返要花费时间；

另一方面，与村民的收入和体育消费意识不强有关。

表3-19　72个村落体育生活场所情况

体育生活场所	选择人数	百分比	排名
自家室内或庭院	437	61%	1
公路和街道	198	27.7%	5
树林和河边	211	29.5%	4
田间地头	186	26%	6
学校的体育场地	171	23.9%	7
村公共体育场所	349	48.7%	2
村公共活动场所	312	43.6%	3
城镇公共体育或活动场所	145	20.3%	8
各类单位体育场地	98	13.7%	9
体育消费场所	78	10.9%	10
其他	36	5%	11

（七）直接参与体育生活的频率、持续时间和运动强度

直接参与体育生活的频率、持续时间和运动强度是评价体育生活质量的三个重要指标。从表3-20来看，选择每周三次及以上的人数仅占直接参与体育生活人数的25.7%，而选择每周一次和偶尔参加的占到近5成，说明农村体育生活人口直接参与体育生活的频率并不高。从表3-21来看，被调查的体育生活人口每次直接参与体育生活的持续时间百分比呈现出“中间高、两头低”的分布特征，其中有超过一半的体育生活人口每次直接参与体育生活的持续时间为30～69分钟。从表3-22来看，被调查的体育生活人口每次直接参与体育生活的运动强度并不高，主要集中在“中等”强度和“小”强度。

表3-20　72个村落体育生活人口直接参与体育生活的频率情况

频率	选择人数	百分比
每周三次及以上	153	25.7%
每周二次	146	24.6%

续表

频率	选择人数	百分比
每周一次	164	27.6%
偶尔	131	22.1%
总计	594	100%

表3-21　72个村落体育生活人口每次直接参与体育生活的持续时间情况

持续时间	选择人数	百分比
90分钟及以上	61	10.3%
70~89分钟	114	19.2%
50~69分钟	134	22.6%
30~49分钟	207	34.8%
29分钟及以下	78	13.1%
总计	594	100%

表3-22　72个村落体育生活人口每次直接参与体育生活的运动强度情况

运动强度	选择人数	百分比
很强	65	10.9%
较强	78	13.1%
中等	174	29.3%
小	184	31%
很小	93	15.7%
总计	594	100%

第四章　我国农村体育生活方式现代化进程

农村体育工作作为新农村建设的重要工作内容之一，关系到我国农村社会现代化建设质量，因此，构建新型农村现代体育生活方式势在必行。但是，当前存在一些“轻视”农村体育生活方式发展的观点和做法，主要表现在以下几个方面：（1）农村经济基础较差，等到经济发展起来后，再来推动农村体育生活方式的发展，先将有限的资金用到更需要的地方。（2）对“农村”概念的理解不明确，造成对农村体育生活方式研究过于集中在县、乡（镇）一级，缺少“平民化”视野，较少深入村落。（3）对农村体育生活方式的文化功能认识不足。根据功能主义的观点，任何文化都是一个整合的系统，在这个系统中，每个元素都有与整体相联系的确定功能。农村体育生活方式也是一个统一体，且其构成要素都发挥着各自的功能。但是，相关的研究没有从农民的文化需求出发来审视农村体育生活方式的文化功能。（4）农村体育生活方式研究缺乏充分的跨学科研究。客观来说，农村体育生活方式研究是一个关于农民体育生活的、与多学科交叉而又独树一帜的研究领域，因此，对农村体育生活方式进行多学科的综合研究已是必然。然而，目前来看，将体育学、文化学、社会学、民族学、人类学、民俗学及其他相应学科的理论和方法运用到该领域进行研究的并不多，这在一定程度上限制了我国农村体育生活方式乃至农村体育研究的深入发展。（5）脱离了体育生活方式的变迁规律和忽视了农村现状来认识农村体育生活方式。其实农村体育生活方式与城市体育生活方式一样，一直处于变迁中，即从农村传统体育生活方式出发，力争构建新型农村现代体育生活方式。在我国，无论农村还是城市的体育生活方式，大体上都有共同的变迁规律和体育生活方式现代化内在机制。然而，由于我国城乡“二元结构”

的存在以及农村相对落后的现状，在共同的变迁规律和体育生活方式现代化内在机制的作用下，农村体育生活方式现代化道路难以与城市完全一致。因此，推动农村体育生活方式现代化既要遵循体育生活方式的变迁规律，又不能脱离农村现状。

体育生活方式是一种“文化生活方式”，是回答“人们怎样从事体育生活”问题的生活方式。要全面、系统地研究农村体育生活方式，就必须将着眼点放置于农村的最基层——“村落”这一社区生态空间。村落是农村的主体，村落体育是农村体育的主要组成部分。在社会变迁背景下，为了展现我国农村体育生活方式现代化变迁历程，本书将以一个村落的体育生活方式为例，系统分析该村落体育生活方式变迁的实际过程，深入展现农村的体育场景，以期形成有一定预见性的体育生活方式规律，为揭示农村体育生活方式现代化的内涵和提出促进农村体育生活方式现代化的对策提供理论基础。

第一节　一个村落的选取——歙县许村

为了完成上述研究任务，我们特选取安徽歙县许村作为个案研究对象，将其置于国家与地方、传统与现代、生产与生活、物质与精神互动关系的场域，探讨许村村民体育生活方式的历史变迁，深度描写村民日常体育生活，并借鉴政治学、历史学、社会学和文化学等学科知识，从理论上总结体育生活方式变迁的若干规律。

许村位于安徽省黄山市歙县西北部，距歙县县城21千米，是许村镇的一个行政村，也是许村镇政府所在地；它东连上丰乡，南邻富堨镇，西靠徽州区，北接黄山区。许村历史悠久，源于东汉，古名富资里、昉溪、任公村。该村由唐头（前溪）、金村、环泉（湾里）、东升（山下坦）及楼下大宅祠、大六份等组成。选取许村有三个方面的考虑：其一，许村是一个典型聚族而居的“宗族—村落”型村落（以“许”姓为主姓的多姓氏聚居村落），以宗法观念为社会基础。五代十国时期，南唐户部尚书许儒看中了许村这块宝地，后来举家搬迁至此。一千多年来，许儒家族的后代就一直在这里繁衍生息。经过几十代的发展，许家逐渐人丁兴旺，许氏宗族在许村不断壮大，最终，为徽州“许”姓的渊薮。至今许氏祠堂——大邦伯（见图4-1）还依然存在，保存完好，成为许村许氏村民的精神家园。然而，如今宗法观念下的许氏宗族组织已不复存在，但由于村民极强的乡土和宗族观念，许村村民还将许氏宗族视为观念中的家族。其二，该村落历史悠久，文化灿烂。许村文风昌盛，教育发达，名人辈出。南朝大文学家任昉曾隐居于此。南宋淳祐至景定的20多年间，许村人连中五进士。民国《歙县志》收录的许村名人有150余人，其中就包括明三朝元老、礼部尚书、武英殿大学士许国，清末翰林许承尧等。历代名人巨匠对许村也是情有独钟。这些名人有李白、王安石、文天祥、朱熹、董其昌等，他们都曾在许村留下精彩的诗文，如李白的“十里沙滩水中流，东西石壁秀而幽”就是对许村自然美景的赞誉。其三，虽然受到农村社会变迁的影响，但民俗传统体育活动（如舞狮、舞板龙、舞草龙、舞大刀、嬉花灯等）还常在该村开展，并且很多现代体育项目也深受村民的喜爱。

图4-1　许村大邦伯

传统社会中，许村有过很多民俗传统体育活动。变迁到今天，许村虽然有些民俗传统体育活动没有保持下来，但还是传承了一些民俗传统体育活动，并且很多现代体育活动常常出现在村民的生活中。社会转型期的中国农村，民俗传统体育活动还在传承，这意味着传统体育生活方式并没有消亡；而现代体育活动能够出现在农村，让我们深深感受到现代体育生活方式所形成的“新势力”已经给传统体育生活方式带来了巨大的压力。传统体育生活方式难道就一定要毫无保留被扫进历史的尘埃中吗？针对这个问题，自2010年7月，我们先后4次赴许村，累计进行约一个月的田野作业和实地访谈，对许村百年传统体育生活方式的基本事实进行描写，捕捉其中的变迁规律。

第二节　许村体育生活方式百年变迁的考察与分析

百年来，我国农村社会的政治、经济、文化以及农村社会结构都发生了剧烈变化，许村体育生活方式的变迁随着农村社会的变迁也有明显起伏，因此，若要对许村体育生活方式变迁进行考察，就应将其放到农村社会变迁中去。

一、传统体育生活方式发展期(1911—1949年)

(一)体育生活条件

1.徽州地区的乡村治理

宗族是中国传统社会的基本结构，它是具有男系血缘关系的各个家庭在宗法观念的规范下所组成的群体[①]。民国以前，徽州地区的宗族组织十分发达，宗族势力强固。该地区的宗族组织在以下几个方面发挥了重要作用：(1) 组织功能。血缘是宗族组织得以维持的重要纽带。农耕社会生产力水平较为落后，个人难以面对各种自然灾害和社会危机的侵害，而在血缘的凝聚下、族长的领导下，宗族组织不断加强生产和生活的互助，成为一个整体以提高生存能力，同时在宗族重大事件上可以有效地动员族内社会力

① 赖扬恩.传统宗族社会结构与农村工业化道路抉择[J].东南学术,2002(4):100-104.

量实现行动上的一致，提高宗族组织的组织能力和“集体战斗力”。(2) 自我约束功能。国有国法，家有家规。宗族组织也有自己的族规。在传统社会，族规家法具有很强大的约束族人行为的能力，这种能力来自宗族权威——祖宗的法杖。一般来说，族规家法以族规祖训和乡规民约为基础，一方面协调宗族内部族人的秩序关系、经济关系和社会关系，另一方面针对族内纠纷和违反族规家法者，轻则劝导，重则惩罚，如对于严重违反族规的人，可以责打、罚酒、罚谷、罚戏、逐黜族籍，甚至处死。在古代传统社会，族规家法对于族人行为的强制约束性有其负面效应，但其强大的约束能力对于限制族人的违规违法行为、强化宗族组织的权威和维系宗族组织的稳定运转所发挥的作用是不容否定的。(3) 提供公共服务。相当多的乡村社会秩序，比如社会治安、灾荒救济、小型水利设施兴建以及各种公共设施的维护和修建都须依靠乡村社会内部的力量予以解决①。古代传统社会中乡村社会秩序的执行主体主要是宗族组织，乡村各类公共服务的提供者主要也是宗族组织。在宗族组织的管理下，通过宗族组织的权威性，既可以有效降低族内争执、纠纷、违反族规家法现象的发生率，又可以最大限度地避免某些族人在公共服务供给上搭便车的行为，从而在相当程度上维持乡村社会生产和生活的基本秩序。(4) 文化功能。宗族的文化功能是一种通过形式多样的宗族活动以传承传统民俗文化，唤起广大族众历史感、道德感和归属感的功能。传统社会中，中国农村很多乡间民俗文化，如舞灯、赛龙舟、祭祖、唱族戏、修族谱祠堂、婚丧嫁娶等，基本是以宗族活动为载体进行传承的。在这样的一系列宗族活动中，族众不仅可以满足自我的文化娱乐需求，还能接受传统礼俗的影响和教育，增加了宗族的文化认同，同时凝聚和团结了族人。(5) 教育功能。传统社会中，宗族的教育功能通过族规、族约、族歌、祖训等体现。这些族规祖训多融入儒家思想，虽然其中掺杂了很多封建等级和道德伦常思想，但也包含了中华民族的优良传统美德。

明清时期的徽州，乡村治理中除了宗族势力外，还存在另一种势力——保甲制度。保甲制度是中央政府通过户籍编制加强对人民的统治的基

① 贺雪峰.中国传统社会的内生村庄秩序[J].文史哲,2006(4):150-155.

层行政组织制度和社会管理控制制度。虽然国家在乡村强制推行保甲制度，但宗族组织的势力在徽州依然强大，因此，保甲制度难以撼动宗族组织的地位。甚至，徽州保甲制度只能通过与宗族组织的合作和配合才得以推行，诸如通过摊派或鼓励捐助等方式在族内设立保甲银等固定基金，对承充保甲之役人员实行津贴制，以确保保甲之役的顺利完成①。

1912年，国民政府不再沿袭清廷省、府、县行政区划，而是废除府建制，原徽州府各县直属安徽省。不过，之后的十几年，政权更换频繁，军阀割据，战争不断，匪盗肆行，造成徽州地区的乡村组织形式更迭频繁，前后施行过区董警长制、编村制、区乡制等。总的来说，无论采用何种乡村组织形式，也无论实施成功与否，均反映出中央政府希望通过以上措施加强对乡村的治理。徽州宗族组织在民国时期基本上仍处于自然发展过程②。

2.许村自然环境

许村所处的地理环境非常独特。在当初选址时，许村先人采取“枕山、环水、面屏”的形象风水原理，使许村形成了“临水而建、双龙戏珠、倒水葫芦”的基本风水态势（见图4-2、图4-3）。这种地理环境，不仅使其避免了历朝历代各种战乱的袭扰，还有力地形成和维持着许村既血缘又地缘的乡土社会。

图4-2　许村村景（一）

图4-3　许村村景（二）

① 陈瑞.明清时期徽州的宗族与保甲推行[J].中国农史，2012(1)：88-103.

② 唐力行.20世纪上半叶中国宗族组织的态势：以徽州宗族为对象的历史考察[J].上海师范大学学报，哲学社会科学版，2005(1)：103-111.

3. 许村社会环境

自五代以来，许村就已成为“许”姓家族的居住地，家族凝聚力强，宗族观念浓厚。不过，民国时期国家政权加大了对农村社会的渗透力度，希望通过“独裁—剥夺式”乡村治理模式推行地方自治，试图在基层社会建立国家正式组织来取代农村社会的宗族组织，并以此从农村动员更多的资源满足国家需要。在这段时期，许村也受到这种乡村治理模式的影响，虽然采取了保甲制度，使许氏宗族出现了一定程度的衰落与变异，但保甲制度并没有从根本上破坏许村的宗族情结，相反，保长和甲长这些职务基本上由当时该村的族长、乡绅担任，村务大多数还由许氏宗族来处理。而且整个村落充满了宗族特征，例如，由于许氏族谱的存在，族人的亲缘、辈分等关系网络都体现在族谱上；宗祠依然是祭祀许氏祖先的场所；许氏族规是约束族人行为、规定族人权利和义务的重要依据；族田和族产并没有减少；族长依旧是宗族里权威的象征，主管宗族内外事务，调解仲裁族内矛盾，行使着宗族的各项权力。因而从政治方面来看，民国时期的许村还是处于宗法血缘社会的范畴中。从经济方面来看，许村是个山多地少的村落，世代以种茶和水稻为生，大多数村民生活贫困，很多村民不得不外出务工或经商。虽然有外出务工和经商的历史，但直到中华人民共和国成立前许村也未改变千百年来封建社会中以家庭为生产单位、自给自足的小农经济。为了规避小农经济所面临的自然和社会风险，许氏族人求助于血缘关系和地缘关系成为最便捷的渠道，于是族田、社仓等互助和救济制度在许村仍一直存在。从文化方面来看，许村为了维持其宗法社会的礼治秩序，需要通过一些仪式和共同文化习俗（其中包括宗族祭祀体育活动）来将传统的礼治秩序浸润到每个村民的内心深处，以支配他们的日常生活行为，确保村落秩序的封闭、稳定和连续。

4. 村落体育环境

宗族祭祀体育活动既是民俗传统体育活动的一种类型，也是许村村民体育生活的重要组成内容之一。敬祖和敬神是村中大事，因此，村民们都乐意参加宗族祭祀体育活动，如舞大刀、舞板龙等仪式活动，希望在人与神之间通过肢体活动实现沟通，以获得祖先和神灵的保佑。宗族祭祀体育活动是村落中的大型体育活动，许氏宗族在其组织、协调和管理中发挥了巨大作用和影响：（1）宗族祭祀活动是村落体育生活开展的重要载体之一。中国传统文化中，保留着“万物有灵”和“祖先崇拜”的原始宗教信仰①，人们希望通过宗族祭祀向祖先和神灵祈求风调雨顺、平安幸福、年年丰收、人畜兴旺。在这样的原始宗教信仰支配下，婚丧嫁娶、祭祖、祭祠，或每逢春节、元宵、清明、端午等节日，宗族一般都会举行相应的祭祀活动。祭祀活动中，会开展一些宗教舞蹈、戏曲、舞龙、舞狮等民俗活动（包括民俗传统体育活动）。（2）宗族的传说故事为宗族祭祀体育活动传承提供了精神动力。在许村流传着一个有关舞大刀的传说。传说舞大刀源于对许氏祖先唐代忠义公许远的追怀。据《唐书·忠义传》记载，许远智勇双全，精通兵法，并自创了一套“许家刀法”，刀握手中，便虎虎生威，出神入化，犹如龙蛇之舞。安史之乱爆发，许多节度使和太守非降即逃，时任睢阳太守的许远，在23万叛军压境的危急关头，与援军主帅张巡一道，同心协力，誓死守城。许远凭着超群刀法，义无反顾，冲锋陷阵。最后，虽因粮绝援断，以身殉国，但他的忠烈壮举，从唐到清，先后得到了23位皇帝的褒奖。五代时，战乱频仍，许远之孙许儒举家由河南迁至徽州，不久定居许村，繁衍生息，家族日渐兴旺。为缅怀忠烈，教育后人，不让“许家刀法”失传，许氏后人遂定每年正月十五为忠义公许远的纪念日，在这一天的晚上，许氏宗祠组织一支舞刀队，擎着两丈高的大刀，走上十里长街，来回舞个通宵。（3）许氏宗族为宗族祭祀体育活动的开展提供了一定的物质保障。新中国成立前，为了保证宗族祭祀体育活动的顺利开展，许氏宗族利用其拥有的近40亩族田和大量族产，在人力、物力和财力等方面提供支持。（4）宗祠不仅是祭祀祖先的场所，也是供放祭祀物品的“仓库”。宗祠是许村村民的精神家园，每当祭祀时，“请神”和“送神”均在宗祠中进行，祭祀结束后，所有的祭祀物品，如舞大刀活动中使用的两丈大刀和舞板龙活动中使用的龙头和龙骨均供放在宗祠（见图4-4、图4-5）。（5）族规为宗族祭祀体育活动的开展提供了制度保障。《许氏族规》中记载了包括祭祖、祀神、孝父母、和兄弟、睦宗族等族规，不仅反映了宗族事务的方

① 王振亮.农村宗族对村落体育的影响研究[D].福州：福建师范大学，2009：22.

方面面，还规定了本族各种活动的礼仪规范和奖惩措施，以约束族人的行为，并为宗族祭祀体育活动提供了协调和管理依据。(6) 族长作为宗族组织的“最高领导”，对宗族祭祀体育活动资源供应、组织管理以及奖惩措施等决策拥有绝对话语权，并且享有执法权。

图4-4　存放在宗祠的“大刀”

图4-5　存放在宗祠的“龙头”“龙骨”

(二)体育生活主体特征

1.以集体性方式参与体育生活为主

民国时期，许村村民参与体育生活有三种方式：集体参与、小群体参与和个人参与。宗族祭祀体育活动是集体性活动的主要内容，如舞大刀、舞草龙、舞板龙、叠罗汉等都是村落大型体育活动，不仅参与的人多，而且影响面较大，处于主流地位。对于村民来说，能够参与这类活动，不仅可以获得祖先和神灵的保佑，还体现了其在村落中的社会地位。小群体和个体参与体育生活的主要集中在未成年人，这类体育生活的活动多以斗鸡子、摔跤、游泳、放风筝、踢毽子、跳竹竿、打陀螺等民俗传统体育游戏形式出现，处于非主流地位。

2.体育生活存在性别歧视

许村是一个深受封建思想、宗法制度和族权观念影响的村落。《许氏族规》规定女性禁止去祠堂和参加拜祖、祭祀等仪式，因而，祭祀体育活动作为祭拜祖先和神灵的宗族仪式的一部分，只许男性参加。女性难以参加显示族人力量和能力的宗族体育活动，即使参加这些体育活动，也会被外族人嘲笑。

（三）体育生活形式特征

1.体育生活的内容以民俗传统体育为主，内容丰富

据调查统计，民国时期许村体育活动约有20种，其中集体性活动有舞大刀、舞草龙、舞板龙、嬉花灯、舞狮、划龙舟、踹高跷、舞旱船、拔河等，小群体活动有斗鸡子、摔跤、弹弓、投石等，个人活动有游泳、放风筝、踢毽子、打陀螺、秋千等。这些体育活动以民俗传统体育为主，形式各异，独具特色，充分展示了皖南山区神秘、秀美、文化独特等迷人风采。

2.许村很多传统体育项目的起源常常被“神话”，甚至被赋予多个“神话”起源

许村的舞大刀除了“许远起源说”外，还流传着另外一个起源传说：同治三年（1864年），太平军从许村三进三出，全村人心惶惶。后有人指点，许氏支祠种福厅首兴大刀灯会，以期驱邪避妖，重建家园。随后，其他各村（当时许村包括金村、前溪、环里三个小村落）纷纷效仿。

3.村落体育活动的器材基本是自制，材料简易并易获得

如舞大刀中使用的大刀灯（见图4-6、图4-7），有大、中、小三号：大号长二十四尺，内点四十八支蜡烛；中号长十八尺，内点三十六支蜡烛；小号长十二尺，内点二十四支蜡烛。大刀灯，选用柢、杪相差不大的整根毛竹制作。先从柢往上五六尺处，用绳索扎多个套，再从杪上分十股破开，将一杉木段插入柢部竹筒，作为刀心木。然后用篾条把十股竹杪摊开编织成刀的雏形，最后用苎麻绕刀心木扎缀，并放好便于拉索的杉木环夹，使刀灯完全成型。糊上白纸后，还要刷一层明矾水，使之平滑。水干后画上图画，刀两面画钟馗、天官、寿星，或是《三国演义》中的英雄人物，并画有花草虫鱼、亭台楼阁，点缀画面。刀鼻（即刀背前端的弯钩刃）上有一环，写“风调雨顺，国泰民安”八个大字。最后，在刀柄处用刀锯划出一道道浅口，防止撑持时手打滑。

图4-6 舞大刀的“大刀灯”(一)

图4-7 舞大刀的“大刀灯”(二)

从板凳龙的制作来看，分龙头（见图4-8）、龙身（见图4-9）和龙尾三大部分。龙头和龙尾皆由祠堂制作，龙头、龙尾以竹扎为络，扎在木板上，纸糊彩绘，其中龙头额上勾“王”字。龙身以木板为托，每板长约1.5米，宽约0.2米，两端各凿有圆孔，穿上撑棍即相互连接，又可以左右扭动，俗称“龙段板”。龙头内安有19支蜡烛，每节龙身安3盏灯笼，龙尾安有5支蜡烛。

图4-8 舞板龙的龙头

图4-9 舞板龙的龙身

4.体育活动场地基本上集中在村落

对于许村村民来说，许村既是他们的生活居所，也是他们的精神家园。许村村民的很多集体活动都开展于村落中，如许村大宅祠（见图4-10）舞大刀的行进路线是宗祠前当街下，过石桥到合源社屋；金村大刀灯的行进路线是当街而下，穿过八角亭（见图4-11），游至太子阁，再返回社屋。

图4-10　许村大宅祠

图4-11　许村八角亭

5.体育生活的时间和功能特征

许村体育活动开展的目的决定了其开展的时间。许村集体性活动基本上是宗族祭祀体育活动，它目的明确，即以族类娱神、族间示威为主，祈求风调雨顺、平安幸福、年年丰收、人畜兴旺等，这就决定了其主要是在祭祖、祭神、节日欢庆、婚丧嫁娶以及孩子满月时开展。如腊月初八宗祠祭祖时舞狮、舞旱船等，春节期间宗族游神时嬉花灯、踹高跷、舞狮、舞旱船等，正月十五闹元宵时舞大刀，舞板龙，舞旱船，舞鱼灯，跳蛤蜊舞，嬉花灯、伞灯、长钱灯等，端午节划龙舟，中秋节舞草龙。小群体、个人体育生活活动主要以满足未成年人和部分成年人的娱乐和休闲为目的，较少受到宗族组织的影响，并且活动成本较低，因而其开展较为日常化。可见这段时期，村民并没有意识到健身与体育活动的关系。

6.村落体育生活的封闭性与保守性

许村是一个典型的具有单系差序格局的乡土社会，宗族成员凭血缘身份相互认同，组成一个紧密的整体。宗族成员往往会根据血缘的亲疏决定他们的社会关系，在心理上有很强的排他性。宗族血缘的排他性，对许村体育活动产生了重大的影响。这段时期许村的体育活动，特别是宗族祭祀体育活动的开展往往局限于本族或本村范围。据村子里的老人介绍，新中国成立前中秋节开展舞草龙活动，草龙的材料主要是竹篾、稻草、麦秆等，一般长20米，草龙形状酷似真龙，龙头威武神气，龙鳞清晰可辨，龙体遍插神香，轻巧机灵且活节相连，便于舞动，编制手艺堪称一绝，但这种编制手艺绝不外传。到了中秋节晚上，舞龙队伍从村头出发，途经村中主要道路，直至村尾，所到之处，锣鼓声、爆竹声不绝于耳，在群众的热烈欢呼声中，将草龙送入升溪中，龙归大海，举村平安。可见，由于缺乏族间、地区之间的交流往来，并且许氏宗族不敢擅自对体育活动的内容、动作和要求进行修改，唯恐乱了祖宗的规矩，所以新中国成立前许村的体育活动基本上保留着几百年前传承下来的独特“玩法”，许氏宗族还将这些独特“玩法”作为向其他村落炫耀的重要“资本”，从不轻易教外村人。

二、政治化体育生活方式发展期(1949—1982年)

(一)体育生活条件

1.乡村治理

1949年中华人民共和国成立，中央政府通过厘清中央和地方的权力和职能关系，形成了权力和权威高度集中于中央的国家结构。中央政府可以具体授权给地方政府和各职能部门，但地方政府及各职能部门必须接受中央政府的监督，并且中央政府可以根据情况对授权进行撤销。在这样的体制下，中央赋予了地方建立秩序的权力，地方政府就可以聚集足够的力量来领导和支配地方的主要事物。

乡镇政府是代表中央政府管理农村的基层政权机构。乡镇政府是抽象的国家在村民眼中的具体化。和高层级的政府如省、市、县政府相比，乡镇政府同样是科层制构架，它们都是现代性的传播者和现代化的推动者，不过乡镇政府的职责及执行权力的手段存在很多特殊的地方，带有更多的乡土性。乡镇政府处于国家正式权力和非正式的乡土社会权力面对面接触的地方，它会履行上级政府的行政指令，执行国家的方针政策，促使国家权力能够覆盖到每一个村落；同时，乡镇政府处于乡土社会中，常常面对和处理着各类与农民息息相关的事情。因此，乡镇政府的行政特征总是表现出农业生产特性，如在工作时间上，表现出农闲和农忙的季节性；在工作态度上，农民、农业的分散性、随意性和散漫性，也潜移默化地影响着乡镇政府的某些行政风格，它更多地带着泥土气息[1]。

虽然乡镇政府带有更多的乡土性，但从本质上说，乡镇政府的产生是国家寻求现代化的结果。它都主要承担着两项重要的基本职能：其一，整合，即维护国家的一体化，使各个村落都能处于中央政府的管辖下，将国家的经济、政治、文化等力量渗透到农村的每一个角落，保证中央和地方能够结合为一个有机整体；其二，调控，即国家为了维系自身的存在、稳定、发展以及协调各地区之间的资源差异，要优化基层社会的资源并对其进行统一管理和调配。传统中国是一个农业社会国家，国家对农村社会资源的调控主要通过对农村人口及农业收入的赋敛。因而，几千年来，赋敛成为国家政权与农村社会发生交集最多的“域”，也是二者关系的一个重要体现。

新中国成立初期，依据当时的政务院颁发的一系列农村基层政权建设的文件[2]，1951年后，我国大部分农村都建立了区、乡（行政村）人民政府。区、乡（行政村）人民政府的出现在中国历史上是首次，也是作为最基层政府行政机构出现的。然而，1954年9月新中国第一部《宪法》又对我国农村基层政权进行了完善，取消了“区”的建制，增设为乡、民族乡、镇。1955年以后，乡、行政村的称谓发生了改变，都称为“乡”，少数民族聚居区开始建立民族乡。从此，农村的宗族组织逐渐被瓦解，势力影响逐渐下降。虽然这段时期新中国已经将城市化和现代化作为国家建设的重点，但是对于乡村的治理力度和效率远远超过明清时期和民国时期[3]。

新中国成立后，农业合作化、集体化以及人民公社化在全国农村逐步推广开来。到了1958年以及其后的20年，我国农村基层政权开始实施“三级所有、队为基础”的“人民公社制度”。“政社合一”的人民公社通过组

① 彭大鹏，吴毅．单向度的农村：对转型期乡村社会性质的一项探索[M]．武汉：湖北人民出版社，2008：172-173.

② 这些文件主要有《人民代表会议组织通则》（1950年）、《区人民政府及区公所组织通则》（1950年）、《乡（行政村）人民代表会议组织通则》（1950年）、《乡（行政村）人民政府组织通则》（1950年）和《关于人民民主政权建设工作的指示》（1951年）。

③ 彭大鹏，吴毅．单向度的农村：对转型期乡村社会性质的一项探索[M]．武汉：湖北人民出版社，2008：175.

织化的方式不断加强对农村基层的渗透、整合和调控，从而变更农村的生产关系和财产关系。可见，新中国成立之初，合作社和人民公社组织的建立方便了国家调控农村资源。

2. 许村社会环境

1949年至1982年，中国农村历经了一系列变革。1952年秋，许村完成了土地改革，旧的土地制度、许氏宗族、许氏祠堂都逐渐消失，新精英、新土地制度下的新组织、农会和党的基层支部及其外围组织则成长起来。1953年至1956年，许村完成了互助组、初级农业生产合作社、高级农业生产合作社三个阶段的农业集体化改革。1958年之后，随着全国农村人民公社化，许村建立了许村公社和许村大队。1978年改革开放后，特别是1982年许村公社解体，许村集体共同体社会开始松动。1949年至1982年，伴随着一系列变革，许村在经济上采取“农业合作化”“三级所有、队为基础”等手段，以逐渐加强农村土地所有权和经营权的高度统一，实现了农业生产集体化；文化上，一系列变革不断荡涤着许村村民的旧思想、旧文化、旧风俗、旧习惯。

3. 村落体育环境

这段时期，许氏宗族遭受沉重打击。宗祠、族田、族产均被没收，成为集体财产，许氏宗族失去了开展村落体育活动的物质基础和社会关系网络，原来在宗族祭祀中开展的民俗传统体育活动也随着许氏宗族的衰败而消失了。具有革命化、政治化和集体化的军事体育和现代体育活动悄然出现在农民的体育生活中。许村公社和许村大队取代许氏宗族成为主导许村体育生活的主要力量，这不仅保障了体育生活的政治化，而且集体经济也为村落体育的开展提供了物质基础。不过需要指出的是，传承千年且厚重的许氏宗族文化并没有因为宗族物质基础的消失而完全消失，即使是在公社和大队组织的军事体育活动和现代体育活动中，“族长”和“族规”都因其威信而发挥着隐形组织和管理功能，成为主导村落体育生活的次要力量。

（二）体育生活主体特征

1. 民兵成为体育生活重要主体之一

1958年，许村建立了本村的民兵连，并确立体育工作在民兵建设中的重要地位，在日常的民兵训练中常常结合体育活动，把体育训练作为增强民兵体质、提高战斗力的重要措施。在每年的民兵训练中，开展长跑、拉练、投弹、器械体操、游泳、篮球、摔跤、拔河、刀枪棍棒等体育活动。经过训练的民兵不仅成为村落体育生活的重要主体之一，而且往往成为本村开展和组织村落体育活动的骨干分子。

2. 以集体性参与体育生活为主

在土地改革和农业集体合作化改革期间，许氏宗族的宗祠、族田、族产被没收，宗族势力被削弱，宗族祭祀体育活动基本上消失了。1958年之后，许村公社成立了体育运动委员会来动员各大队村民参与体育活动。再后来成立了体育专门领导机构和体育队伍，并要求无论男女还是老少都积极参加体育锻炼。这一时期，众多民俗传统体育游戏并未受到政治运动的冲击，依然成为许村孩子们以小群体和个体参与体育生活的主要内容。

（三）体育生活形式特征

1. 体育生活的内容以军事体育和现代体育为主

1952年，许村成立了村和组两级体育组织单位来安排本村、本组的体育活动，当时的体育活动还是以民俗传统体育为主。1958年后，许村大队先后成立了农民体育协会和民兵连，通过它们来组织全村的体育生活。同时，为了保证体育锻炼的科学性，歙县体委还帮助培养了村体育骨干，以推行“新体育运动”。当时体育生活的内容以军事体育和现代体育为主，其中集体性活动包括篮球、集体长跑、武装泅渡、拔河、拉练、广播体操、器械体操、划船等，小群体活动有摔跤、刀枪棍棒、投弹、跑步、乒乓球、斗鸡子、摔跤、弹弓、投石、举重等，个人活动有爬山、爬竿、游泳、放风筝、踢毽子、跳竹竿、打陀螺、秋千等。

2. 体育生活的时间特征

这段时期，许村公社和许村大队常常通过政治手段要求村民参与各类军事体育和现代体育活动。在许村大队的统一安排下，许村集体性和部分小群体性体育生活常常结合劳动生产而进行，并且采用科学体育理论为村民制定合理的体育生活时间，如农忙时一般安排在劳动休息中间和劳动后进行体育活动，以消除疲劳，提高劳动效率，农闲时经常组织开展体育活动。而个体和部分小群体体育活动基本上是孩子们的民俗传统体育游戏，开展得较为平常。

3. 体育生活的功能特征

1958年，国家体委《关于体育运动十年规划的报告》指出，体育运动的根本任务是增强人民体质，为劳动生产和国防建设服务。然而该报告在对人民群众的体育目的引导方面，并没有发挥应有的作用。许村公社和许村大队对村民体育活动进行严格管理和控制，许多体育活动大张旗鼓地开展，村民们主观上表现出异常的热衷，并在客观上推动许村体育生活呈现出特殊“兴盛”局面，但与村民实际体育需求没有产生共鸣。

4. 体育生活表现出一定的开放性和创造性

许氏宗族消失之后，“老死不相往来”的体育生活格局被打破了。各公社之间、各大队之间、各生产队之间、各民兵连之间常常因体育活动或比赛展开交流。这种交流客观上促进了许村村民体育生活质量的提高，同时促进了村民体育生活创造性的不断提高。如村民会以人为“马”进行简易的跳马练习；会以扁担为跳高竿子进行简易跳高练习，将大路当跑道、稻场当操场、秸秆当标枪、小拐磨当举重器等。

三、传统和现代体育生活方式融合期(1982年至今)

(一)体育生活条件

1. 乡村治理

1982年，《中华人民共和国宪法》颁布后我国重新恢复了乡级建制，加之后来实施的村民自治，最终形成了“乡政村治”的基层政权格局。在这种格局下，乡镇政府又重新成为农村基层政权组织，而村民委员会则是基层群众性自治组织，乡和村不再是隶属关系。改革开放后发生了“社改乡”的重要变化，但向农民征收农业税依然是乡镇政府的一项主要职能。

安徽省在2000年进行农村税费改革试点的同时，就要求对乡镇政府和乡镇事业单位进行精简机构式改革和“乡财县管”式乡镇财政体制改革。自2006年开始，国家全面废除了农业税，很多省份在实施农村税费改革时在借鉴安徽省乡镇改革模式的基础上，依据各自的地方特色，提出自己的乡镇改革方案，如湖北省推出“交叉任职”“站所转制”和“以钱养事”等方案，注重乡镇领导体制和农村公共服务体制的整体创新，四川、江苏和云南红河州大面积推行各种民主选举模式，尤其是乡镇党委的“公推直选”。2006年，中国终于走出了“以农养政”农业社会时代，也走出了“以农养工”的现代化起飞向内积累期[①]。

税费改革后，乡村二级组织的财政收入减少，对农村公共服务供给能力不足，这就需要国家加大对农村公共事业和公共服务的投入力度。但国家并不是所有的农村公共服务供给都参与，特别是具有社区性的农村公共服务供给（如乡村运动会、乡村篮球队的组建、村文化活动中心开展活动等），大部分需要农村社区自己筹资解决。

2.许村社会环境

1978年后，中国社会进入了改革开放时期，中国的政治、经济、文化体制进行了一系列的改革。这对农村社会的影响是深远的，从许村社会环境来看，政治方面，1982年许村公社解体，许村镇政府建立，同时，许村大队也相继撤销，成立了许村村民委员会（以下简称村委会）。村委会是村民的自治组织，拥有自治权。改革开放后，随着人民公社体制的解体，基本上形成了“乡政村治”的政治格局。经济方面，随着家庭联产承包责任制的全面实施，农民的生产积极性得到释放，农村居民的收入和财富明显增长，农民的温饱问题得到解决。1984年，中共中央发布了《关于1984年

① 吴理财.从“管治”到“服务”：关于乡镇政府职能转变的问卷调查[J].中国农村观察，2008(4)：62–72.

农村工作的通知》，其中明确规定："允许务工、经商、办服务业的农民自理口粮到集镇落户。"许村很多村民这时开始搞起了副业和第二职业。20世纪90年代中期以后，随着中国市场经济的进一步发展，工业化、城市化速度加快，以及身份证的实行和粮油票的取消，大量许村村民进城务工。那段时期，许村的村民收入有三种来源：一是外出务工或经商收入。徽州地区山地较多，耕地较少，自古就有外出务工和经商的历史，特别是继20世纪90年代中期的"打工潮"之后，许村出现了第一批外出务工者或经商者，他们的收入成为村子重要的收入来源。二是种植收入。原本村中多以种植茶、菊、水稻为主，后由于外出务工者过多，造成村子中基本上都是留守的老人、妇女和儿童，所以村中的种植茶、菊、水稻等农活多由老人和妇女承担。三是旅游业收入。2003年，一位上海企业家对许村的旅游业进行投资，成立了许村旅游发展公司，将许村众多景点开辟成许村旅游景区，很多村民在旅游景区上班或卖旅游商品。文化方面，改革开放后，许村众多民俗传统活动开始复苏。但20世纪90年代初随着市场经济快速发展，以理性主义为基础的现代性因素不断渗入，以及外出务工的年轻人越来越多，宗族祭祀活动再次受到冲击，许村民俗传统文化又面临新的发展抉择。2006年，《中共中央国务院关于推进社会主义新农村建设的若干意见》出台，提出建构农村公共文化服务体系，推动实施农民体育健身工程，积极开展多种形式的群众喜闻乐见、寓教于乐的文体活动，满足农民群众多层次、多方面的精神文化需求。可见，新农村建设对于农村体育生活方式现代化不仅是契机，还是催化剂。

3.村落体育环境

随着家庭联产承包责任制的全面实施，集体经济回归户营经济，村民将更多的注意力集中在农业生产和经济利益方面，许村体育生活活动内容减少许多。另外，改革开放初期，许氏宗族依靠族人和旅居外地的宗族子孙的有限捐款，将一度禁止的舞大刀、舞板龙、舞草龙、舞狮、叠罗汉等宗族祭祀体育活动恢复起来。20世纪90年代初，随着农业科技水平的提高和市场观念的深入，理性主义思想在村民中迅速传播，宗族祭祀体育活动所具有的祈求风调雨顺等功能被逐渐淡化了，村民对此类活动的热情也降低了。特别是90年代中后期“打工潮”的出现，留在村中的年轻人数量锐减，无论是村委会组织的体育活动，还是宗族祭祀体育活动的开展都受到影响。然而春节期间的嬉花灯、踹高跷、舞狮和元宵节的舞大刀、舞板龙是村子里的“常规”活动，为了解决缺人、缺钱的情况，村委会和许氏宗族合作，利用许氏宗族在村民中的威望，号召村民并制定了一个土办法，即每户“出人不出钱、出钱不出人”。2006年，建设社会主义新农村在全国农村展开，从这一年起，许村镇每年都会在端午节和春节期间出资组织所辖的村落进行龙舟比赛和许村镇农村运动会，以丰富农村的文化生活。

当然，市场经济因素带给许村体育生活的并非都是负面影响，如春节期间外出务工的村民回村后会聚集起来进行一些体育活动，除了篮球、乒乓球、舞板龙、舞大刀等村中经常开展的体育活动外，还有从城里学来的台球、羽毛球、飞镖等现代体育活动。2003年，许村旅游发展公司为了吸引游客，希望开发一些体育旅游项目。在公司领导的说服下，20多个岁数较大的留守村民组织成立了一个民俗文化表演队。该表演队与这个公司签订协议，专门为游客表演舞大刀、舞草龙、嬉花灯等民俗传统活动，或指导游客参与活动。现在该表演队在当地小有名气，并且还经常受邀到外地表演。2011年春节期间，该表演队随歙县民俗文化代表团远赴澳门表演。许村有一个茶叶精制厂，是当地的明星企业。这个厂的厂长是本地人，他在读大学时喜欢上一项体育项目——羽毛球，虽然回家创业十几年了，但未改变他对羽毛球的钟爱，这些年厂里效益不错，他在厂里修建一座简易的羽毛球场。在他的带领下，很多工人也参与这项活动。下班后，厂长、工人和村里的一些村民常在一起打羽毛球。2006年，农民体育健身工程落户许村，很多村民在茶余饭后利用该工程所提供的器械进行体育锻炼。可见，一系列政治、经济、文化体制改革后，村民参与体育活动的规模虽有所减弱，但出现了新现象，即传统体育和现代体育共生、共融于许村村民的体育生活中。许村是一个典型的徽文化聚居区，徽州人勤劳、节俭、爱故土、重礼义、团结、忍让、谦和、奋进的精神总能在许村村民身上得到体现，并且以徽文化为核心的传统文化在许村时常可见，如在祭神、祭祖和传统节日开展舞狮、舞板龙、舞草龙、舞大刀、嬉花灯等活动。

(二)体育生活主体特征

1.“打工潮”前,以年轻人、民兵和宗族祭祀体育活动参与者为主

改革开放初期，在许村仅有篮球和民兵体育活动作为改革开放前的“遗留”被延续下来。20世纪80年代至90年代初，许村部分年轻人常常在农闲时自发组织起来，在本村内部或与周边村落的年轻人相约进行篮球活动或比赛，甚至村际篮球比赛几乎成为春节期间重要的活动内容。虽然历经了一系列变革，但宗族思想在村民中并没有消失，还有力促进了宗族祭祀体育活动的迅速恢复。很多宗族里的老人都还健在，他们将记忆中宗族祭祀体育活动的技艺传给了男性年轻人，不过有些技艺还是湮灭在历史记忆中了。

2.“打工潮”后,未成年人参与的个体和小群体体育生活成为主体

“打工潮”出现后，许村年轻人都外出务工了，篮球和民兵体育活动几乎不开展了。但到了春节期间，由于外出务工的年轻人都回来了，篮球、宗族祭祀体育活动以及他们从城里带来的时尚现代体育活动又出现在村落里。另外，这段时期镇上学校的体育课正规了许多，孩子们接触到不少现代体育活动，如篮球、羽毛球、乒乓球等，一些孩子会央求在城里务工的父母回乡时买个足球或羽毛球等作为礼物给他们。他们常常放学后，在村子中的篮球场上，三五成群打打篮球和羽毛球，或利用一块水泥地面玩玩乒乓球。

(三)体育生活形式特征

1.体育生活内容呈现传统体育和现代体育融合的局面

在许村体育生活中，传统体育和现代体育出现了融合的局面，这缘于以下几方面的因素：其一，宗族组织的恢复，宗族祭祀体育活动重新出现；其二，篮球和民兵体育的“遗留”；其三，学校体育、电视传媒、外出务工者等因素对现代体育的传播；其四，未成年人的积极参与，使得现代体育在村落的传播速度加快了。从融合的情况来看：（1）部分现代体育活动原汁原味地出现。如许村茶叶精制厂厂长钟爱羽毛球，带领工人参与到羽毛

球活动中来；农民体育健身工程建设的篮球场、乒乓球台和全民健身路径，为村民们提供了一个非常好的健身场所。（2）部分民俗传统体育采用现代体育的组织形式、表演形式，利用村落旅游资源开发的机会，向旅游市场发展，如民俗活动表演队的成立为舞大刀、舞板龙等传统体育文化展示提供了一个非常好的平台。另外，现代体育竞技性不仅强化了村民的主体竞争意识，也强化了体育活动的竞技性，如在端午节村民们常与附近村落进行龙舟比赛。（3）传入许村的现代体育也发生了许多改变，如在城市，台球、乒乓球和飞镖是健身活动，在村落却常常演化为游戏；城里人运动装备齐全，村民们却常光着脚、光着膀子玩台球；城里人常在下班后和休闲时间进行体育锻炼，村民们的体育活动开展常集中在农闲或端午节、中秋节、元宵节和春节等时间段。可见，这些落户村落的现代体育活动，因村民们生活生产的特点而发生了改变。

2.体育消费的出现

1982年之后，伴随着中国政治、经济、社会等方面的快速发展及转型，许村也感受到改革开放的春风，村民的收入、文化素质以及对外界新事物、新思想、新文化的接受能力逐渐提高，其中体育消费就是一个典型的事例。改革开放前，村民并不知体育消费为何物，即使有体育消费行为也是公社行为。改革开放后，体育消费行为逐渐出现在部分普通村民生活中。不过，在与村民的交流中了解到，体育消费行为在许村并不普遍。有体育消费行为的人群主要是学生和外出打工的青年人。相对于外出打工的青年人，学生是村子里的常住人群，因而，2011年7月我们与部分学生进行了沟通，了解到他们的体育消费水平并不高，这与家庭的收入有关。一些学生告诉我们，他们非常喜欢足球、篮球、乒乓球和羽毛球，在学校里他们经常玩，所以会购买一些球鞋、体育服装、乒乓球拍、羽毛球拍、足球、篮球等体育用品。在与一个中学生进行交流时，问及他们喜欢不喜欢到现场观看正式的足球、篮球比赛以及购买体育图书报刊时，他说：“当然喜欢，不过家里还比较穷，即使有钱了，村子离歙县县城和黄山市区还很远，我想看，也没办法，等我长大了，工作了再去看。”

3. 体育生活时间特征

“打工潮”前，集体性活动主要集中在端午节、中秋节、春节期间和婚丧嫁娶时开展；“打工潮”后，集体性活动主要集中在春节期间，因民俗活动表演前需要进行训练，平时村里年轻人大多外出打工，只有春节期间才回村，且春节假期较长，有足够的人员参加民俗活动表演，也有充分的时间进行训练。小群体性和个体性活动是未成年人经常参与的体育活动，主要集中在放学后和节假日里开展。

4. 体育生活功能特征

改革开放后，由于许村体育生活呈现出传统体育和现代体育融合的局面，所以许村体育生活的功能更加多元化和复杂化，主要包括健身、休闲娱乐、社会情感交流、传承和保护传统体育文化、经济功能、信仰功能等。

5. 体育生活的开放性和创造性不断加强

受到市场经济因素的影响，农村自然经济的自给自足性、封闭性、保守性不断减弱，市场经济的平等性、竞争性、法制性、开放性不断增强。农村之间、农村与城市之间不断进行着各种信息和利益的交换。在这种背景下，许村与外村联办龙舟、篮球、乒乓球比赛，民俗文化表演队突破传统思维从事体育旅游业，部分村民通过外出务工的机会将飞镖、台球等新的现代体育活动引入本村，等等，这些都充分说明许村体育生活的开放性和创造性不断提高。

第三节　体育生活方式变迁的规律

通过前文对许村体育生活方式百年变迁的分析，我们总结出体育生活方式变迁的若干规律，主要包括以下几点：

一、生产方式决定了体育生活方式的现代化程度

马克思主义认为，物质生活的生产方式决定了人们的社会生活、政治生活和精神生活的过程[①]。人类的生命活动形式多种多样，但生产方式是其中最重要、最特别的一种。这是因为缺少生产方式，人类社会将无法建立和发展，同时也不存在人类的社会生活方式。在生产方式与社会生活方式的关系中，生产方式决定社会生活方式，而社会生活方式建立在生产方式上，并受生产方式制约。生产方式越先进，其生产力越高，物质产品越丰富，人们的精神生活需求越强，生活方式也必将更加现代化。而生产方式越落后，则必然会相应地形成发展程度较低的社会生活方式。体育生活方式是社会生活方式中的一种。通过以上论证我们可以推断，就社会整体而言，以先进生产方式为基础的体育生活方式要比以落后生产方式为基础的体育生活方式更加现代化。在中国传统农村社会，其生产方式是以个体手工业和农业生产为主。在这样的生产方式基础上，农民日出而作，日落而息。由于农作物伴随季节农时的变化而变化，甚至春耕、夏种、秋收也要受环境的支配，所以农民无固定的闲暇时间。另外，相对于以工业化、机械化、电子化生产为代表的现代生产方式，传统生产方式所形成的生产力较低，农民的收入更多投入吃、喝、穿、住等方面的物质消费中，难以投入精神文化消费领域，即恩格尔系数较高。因此，在以自然经济为主导的生产方式制约下，农民缺少必要的固定闲暇时间和可能在精神文化方面进行消费的物质投入，这些不利因素导致现代体育生活难以出现在农民的日常生活中。不过需要指出的是，该论断具体到某一个人或其他微观层面时，生产方式和体育生活方式之间却不一定同步，因为这涉及个人的文化、知识结构以及体育意识强弱等因素[②]。但我们不能因此而否定或动摇先进的生产方式对体育生活方式现代化所起的作用。

① 宋涛.传统裂变与现代超越:西部大开发与西南少数民族生活方式变革问题研究[M].北京:民族出版社,2006:9.

② 这一内容将在第五章中详细阐述。

二、社会变迁决定体育生活方式变迁是一个长期的、渐进的过程

克莱德·M.伍兹认为，当社会环境的改变有利于民众新的思维模式和行为模式时，文化变迁的先决条件就具备了①。虽然体育生活方式能否具有满足人的体育需求的文化功能成为体育生活方式系统运行机制中一个重要影响因素，但其能否起作用取决于当时的社会环境。我国传统体育生活方式是以农业社会为背景的，而现代体育生活方式是以工业社会为基础的。目前，许村社会与我国其他农村社会一样，正由传统社会向现代社会、由农业社会向工业社会、由封闭型社会向开放型社会转型，在此过程中村民产生了一些新的体育需求，并且很自然地需要新体育生活方式予以满足。这种诉求使现代体育生活方式进入村落成为社会发展的必然。然而，传统体育生活方式由于具有悠久的历史渊源和深厚的社会存在基础，与农业社会超稳定的结构、慢节奏的生活方式和思维方式相适应，在现代社会仍呈现出一定的惯性。传统体育生活方式极大地影响着村民对体育生活方式的选择。相对于传统体育生活方式而言，现代体育生活方式在许村村民体育生活中的融入程度并不深，甚至很浅。传统体育生活方式的惯性以及现代体育生活方式在农村稚嫩的发展，决定了农村体育生活方式的变迁将是一个长期的、渐进的过程，不可能一蹴而就。

三、体育生活方式的变迁是体育生活方式系统“解构—重构”的过程

随着农村社会的变迁，村民会形成新的体育需求，使得农村原有体育生活方式系统随着新的体育需求也相应发生改变。从许村体育生活方式变迁来看，传统体育生活方式所承载的“旧”的文化功能常常不能满足村民的“新”体育需求。这样，传统农村体育生活方式系统结构就会被打破，

① 克莱德·M.伍兹.文化变迁[M].石家庄:河北人民出版社,1989:19.

从而发生解构的现象。在解构的过程中，一部分“糟粕”传统体育生活方式要素被移除，也有一部分“精华”传统体育生活方式要素得以保留。如集体化时期，村民的体育价值观带有一定的政治化倾向，这一时期传统体育生活方式所承载的文化功能与此时村民的体育需求之间不协调，于是逐渐被解构。改革开放后，传统体育生活方式得到部分恢复，但传统体育生活方式所承载的功能难以满足村民逐渐形成的理性主义体育价值观，因而再次发生解构。事实上，农村传统体育生活方式系统解构的过程也是一个重构的过程。如新中国成立后到改革开放前一段时期，农村传统体育生活方式在解构的同时，也通过文化采借等途径有选择地引入军事体育文化和现代体育文化要素，并与保留下来的部分传统体育生活方式要素一起重构，从而满足了村民的“新”体育需求，也实现了自身的变迁。

第五章 我国农村体育生活方式现代化内涵研究

通过对安徽歙县许村体育生活方式百年变迁的研究和分析，可以发现我国农村体育生活方式现代化是农村体育生活方式自身运动的必然结果，是农村传统体育生活方式的现代化变迁。虽然许村体育生活方式的变迁过程仅仅是一个个案，但这个个案给我们的启示值得深思。诚然，相对于我国城市体育生活方式越来越浓的现代性，当前农村体育物质条件缺乏，体育事业发展滞后，农村体育生活方式依然存在大量的传统性，于是一些人对构建新型农村现代体育生活方式缺乏信心，但这并不代表在新农村建设背景下提出农村体育生活方式现代化问题就不现实。必须指出的是，许村的个案告诉我们，农村体育生活方式现代化问题不仅存在，而且已成为我国新农村建设所追求的农村现代化目标中的一项重要任务。客观来说，城乡“二元社会”所形成的城乡差距，导致我国城乡体育生活方式现代化水平相差甚远。因此，我们要认真分析我国农村体育生活方式现代化运行机制，厘清新农村建设背景下我国农村体育生活方式现代化的现阶段目标和道路等一系列涉及农村体育生活方式现代化内涵的问题。只有这样，推动我国农村体育生活方式现代化才会少走弯路，做到事半功倍。

第一节 农村体育生活方式现代化运行机制分析

体育生活方式是一种文化存在形式，也可以说是人们如何将体育文化作为生活的一部分。当前农村体育生活方式所呈现出的变革和现代化，从表象上看，错综复杂，毫无规律可循，但实质上这是农村体育生活方式在全球化、城市化、新农村建设背景下，对农村传统体育生活方式和现代体育生活方式的重新认识和重新组合，或者说是对中国农村传统体育文化和现代体育文化的择优选取，寻求从原有的平衡达到更高水平的新的平衡。我国农村体育生活方式正发生的变革和现代化，以及所要达到的新的平衡，正是费孝通所提出的“文化自觉”现象。文化自觉是“一个艰巨的过程，只有在认识自己的文化，理解并接触到多种文化的基建上，才有条件在这个正在形成的多元文化的世界里确立自己的位置，然后经过自主的适应，和其他文化一起，取长补短，共同建立一个有共同认可的基本秩序和一套多种文化都能和平共处、各抒所长、联手发展的共处原则”。他还用一句话来概括文化自觉的历程，即“各美其美，美人之美，美美与共，天下大同”①。农村传统体育生活方式和现代体育生活方式作为相互独立的文化体系都有着独特的“美”，而在全球化背景下，应该相互学习和吸收对方的“美”，才能真正实现“美美与共，天下大同”。对于我国农村体育生活方式寻求现代化来说，这一点十分重要。

运行机制是指在人类社会有规律的运动中，影响这种运动的各因素的结构、功能及其相互关系，以及这些因素产生影响、发挥功能的作用过程和作用原理及其运行方式。现代化只能是传统的现代化，也就是说，农村传统体育生活方式在全球化、城市化、新农村建设背景下，需要积极地改变自我，吐故纳新，寻求新的发展以实现现代化之目标。通过对许村体育生活方式变迁历程的研究发现，社会环境、价值观、体育价值观、体育生活价值结构、体育需求、文化功能、体育生活方式系统结构是直接影响农村体育生活方式现代化的因素，它们之间相互影响、相互制约，共同形成了体育生活方式现代化的运行机制见（图5-1）。

① 费孝通.论文化与文化自觉[M].北京：群言出版社，2007.

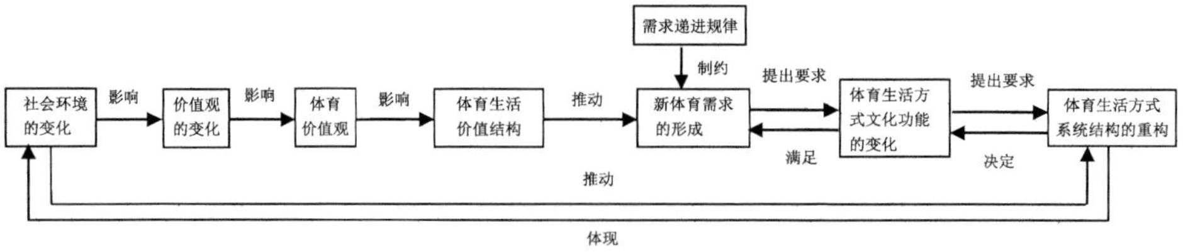

图5-1　体育生活方式现代化运行机制

一、社会环境、价值观和体育价值观

在全球化、城市化和新农村建设背景下，我国农村的社会环境和生产方式发生了巨大的变化，我国农民的体育价值观和体育生活价值结构出现了“中西融合”的现象。

（一）传统中国农村的价值观和体育价值观

传统体育生活方式是人类各民族在体育生活过程中所做出的适应性创造及其积累，是既往历史延续中所形成的社会体育文化体系。我国从古至今就是农业大国，并在中原农耕文化与西北游牧文化的不断冲突和融合中逐渐形成了独具特点的传统文化形式，即以农耕文化为主、以游牧文化为辅的复合型文化。古代中国人对人与自然关系和谐的认识最终衍生到处理人与社会、人与人的关系之中。人们相信世间万物之间都是相互影响、相互制约、相互依存的，这种关系的理想状态就是“和谐”，从而造就了中华民族以和谐价值观为核心的传统文化。以“和”为本的宇宙观，以“和”为善的伦理观，以“和”为美的艺术观，便是和谐价值观的三个重要具体体现①。农村传统体育生活方式的形成和发展必然深受和谐价值观的影响。很多传统体育活动都能体现出这一点，诸如黄山区轩辕车会（见图5-2）、芜湖县崔墩的穿马灯（见图5-3）、歙县汪满田村的嬉鱼灯（见图5-4）、金秀县古占瑶族爬刀梯（见图5-5）等传统体育活动中，都存在对“轩辕黄

① 贾磊磊，潘源．中国传统文化的核心价值观：和谐·仁爱·自然[J]．东南大学学报（哲学社会科学版），2012(3)：56-60.

帝”“天神”“地神”“鬼神”的顶礼膜拜，通过“请神”“娱神”“送神”等活动内容表达中国传统“天人合一”的人与自然和谐共生的价值主张。还有一些注重娱乐的传统游戏类体育活动虽然不是祭祀性的活动，但它们很多源于农民的劳作和生产，其隐含着的价值主张依然是“天人合一”的人与自然和谐共生，如几十万年前，中国人的祖先为了生存，在林间常常抓住粗壮的蔓生植物，依靠藤条的摇荡摆动以获取野果，这便是秋千最原始的雏形。

图5-2　黄山区轩辕车会

图5-3　芜湖县崔墩的穿马灯

图5-4　歙县汪满田村的嬉鱼灯

图5-5　金秀县古占瑶族爬刀梯

中国人在处理人与人、人与社会的关系时处处体现着和谐价值观，具体可称为“以人为本”。自古以来，虽然中国人对天、地、神早就有崇敬之心，但并没有形成以天、地、神为尊、为本的观念，而是提出了超越宗教的“敬鬼神而远之”的观念。在这种观念下，中国人更多地思考在天、地、神甚至社会中寻找自己的生存之道和发展之道，在肯定天、地、神、人之间的关系的前提下，提出以人为尊、以人为本的价值观念。中国人的“以人为本”是一种追求在天、地、人、神之间实现和睦共处的核心价值观，我们可以称之为“求善”型关系或“求善”型“以人为本”价值观。而西方人其实也敬畏天、地、神，但他们选择征服自然、改造自然，以寻求自己的生存和发展之路，在这样的观念下形成了“求真”型“以人为本”价值观。庞朴认为：“重视人伦、现世生活、人与自然和谐合一等思想体现了中国的人文主义精神。”[①]何新认为：“中国的人文主义精神肯定人的价值、倡导主体道德人格理想。”[②]当然，深受中国传统文化思想影响的农村传统体育生活中处处体现着“求善”型“以人为本”价值观。如在芜湖县崔墩，穿马灯活动以宗族为单位，并由马灯会具体负责开展。它开展的目的并不是为了某一人一家，而是为了祈求全宗族、全村来年的风调雨顺以及驱疫等。“求善”型“以人为本”价值观，遵循了中国儒家所提出的“己所不欲，勿施于人”和“己欲立则立人，己欲达则达人”的“恕道”原则。这种思想就是古代中国人际交往中所倡导的“处理一事之前，要先设身处地地为对方、为他人着想，以对方、他人为重”的推己及人的思维和处世方式。另一个例子，在广西金秀县古占瑶族存在一种叫“爬刀梯”的传统体育文化活动，它是瑶族男性成人仪式，当地人称之为“度戒”。瑶族人认为即使一个男性满18岁了，但没有通过爬刀梯——度戒这一关，他就无法被别人视为成人，或者说男子汉。因为他们认为通过度戒这一关的男性，才能获得神灵的保护，才能获得男性应该获得的人生价值，比如担任全寨的公职、娶妻生子等。爬刀梯虽然很危险，但它隐含了瑶族人对于处理人与人、人与社会关系的思考。这两个例子都是祭祀性质的体育生活。在传统中国农村，还存在很多非祭祀性质的体育生活，如前文提及的“高脚马”。高脚马多流行于湖南、湖北等南方的山区、丘陵地带，而且这些区域的气候温和湿润，常年多雨。古代当地的土家族、苗族人由于买不起鞋子，加上经常下雨，泥泞的山路难以行走，为了出行方便，他们便用竹子制作高脚马，踩着高脚马走山路时既省力又防滑，从此这里的人们经常踩着它行走在山间和溪流间，历久成习，高脚马最终成为当地以行路为目的的交通方式和生活工具，并且也是当地人闲暇时常常用以娱乐的器具。可见，高

① 庞朴.中国文化的人文精神(论纲)[N].光明日报,1986-01-06.

② 何新.中国传统文化精神之我见[N].光明日报,1986-01-07.

脚马虽然是一个竹子制作而成的出行工具，但它体现了中国人在人与自然之间如何实现和谐统一的价值观。

从宗族、家族来看，过去中国很多传统体育生活方式离不开宗族、家族的组织。这是因为传统中国的宗族、家族是一种以血缘为核心、以宗族关系为纽带的物质生产和种族繁衍社会组织。每一个宗族、家族单位都制定了严整的族规家法，每一个族人必须严格遵守这些族规家法，才能维持宗族、家族的稳定以及族人、家人之间的和谐相处。而这些传统体育文化或者说传统体育生活方式不仅需要宗族和家族来进行组织和管理，同时它们本身就是族规家法的重要体现形式之一，它们的存在就是对族人和家人进行和谐相处思想教育的过程。从人与鬼神的关系来看，明清时期，在江西很多地方都有赛龙舟、送瘟神、烧龙舟的传统。“龙舟和纸扎神像一起烧掉”这一行为，充分反映出中国传统社会处理人与自然、人与社会、人与人关系的和谐价值观——虽然敬鬼神，但最终的目的还是维护现世的人的生活、人的生命。这就可以看出，在我国传统体育文化中，发展了儒家“人事为本”“敬鬼神而远之”的人本思想①。从节庆仪式来看，很多传统体育活动都是在节庆仪式上开展，如歙县叶村的叠罗汉活动和汪满田村的嬉鱼灯活动在元宵节期间开展、蒙古那达慕大会在每年农历六月初四开始。可见，节庆仪式是很多民俗传统体育活动的载体，虽然这些民俗传统体育活动拥有组织基础及信仰的支撑，但它们把人都聚集和组织起来，激发了人们的集体荣誉感，制造了狂欢的气氛。在节庆仪式上开展的民俗传统体育活动，与其说是“娱神”不如说是“娱人”，彰显了“以人为本”的价值观。可见，农村传统体育长期“浸润”在中国传统社会中，并受到中国传统农村价值观的影响，形成了与中国传统农村价值观一致的“求善型以人为本”体育价值观。

(二)现代西方价值观和体育价值观

西方现代体育生活方式虽然源于18世纪工业革命，但其所体现的价值观与传统西方价值观以及近现代西方工业社会、信息社会的价值观息息相

① 王俊奇.江西民俗体育文化[M].南昌:江西人民出版社,2008:64.

关。西方的“人本主义”强调个人的权利和自由，崇尚个人主义和理想主义，并且特别希望构建一个以个人主义和理想主义为基础的社会的公正秩序[①]，体现其“求真”的一面，因此，我们将西方的“人本主义”称为“求真型以人为本”，将现代西方价值观称为“求真型以人为本”价值观。

西方现代体育受到现代西方价值观的影响，形成了与现代西方价值观一致的“求真型以人为本”体育价值观。它具有以下几个特征：①强调理性主义和个人主义；②追求公平竞争原则；③强调规则；④组织化；⑤商业化。

（三）社会环境的改变对当前我国农村体育价值观的影响

经过改革开放四十多年的发展，中国在政治、经济、文化等方面取得了举世瞩目的成绩，现代化步伐不断加快。社会环境变了，人们的社会价值目标导向随之发生改变。正处于快速社会转型期的中国农村，其社会价值目标也正发生着变化。十几年前，山东省广饶县陈官乡北户村的妇女每年冬季到初春农闲时，喜欢聚在一起打麻将。2006年新农村建设以来，北户村狠抓村级“巾帼文明队”建设，将村里的妇女组织起来，并在妇女主任的带领下成立了北户村文明健身队（见图5-6），还由村集体出学费，聘请专业舞蹈老师进行授课。每天晚上文明健身队都会聚集在空地上扭秧歌、跳广场舞和健身操，还常常利用元旦、春节、“三八”节、国庆节等节日，组织各式各样的文化娱乐节目，这些活动不仅使参与健身队的村民身体得到锻炼，丰富了农村的业余文化生活，而且队员们在生活中相互协助，增进了感情。可以想象，若在传统中国农村，由妇女组织起来的一支农村健身队是不可思议的，但在改革开放后的中国农村，类似陈官乡北户村的健身队还有很多很多。从体育价值观角度来看，村民们参加健身队既有关注个人健康和娱乐等提高自身生活质量的“求真型以人为本”的西方现代体育价值观的显现，又有“重视集体，关注他人”的传统中国农村“求善型以人为本”体育价值观的体现。可见，北户村的文明健身队出现了“善真兼备型以人为本”体育价值观。所以，没有体育价值观的转变，北户村村

① 陈寿灿.西方社会价值观演进对“我们的价值观”的启示[J].浙江社会科学，2012(5)：8-10.

民们的“草根”健身队是很难组建起来的。

图5-6 陈官乡北户村的文明健身队

再举一例，在安徽歙县雄村，一直流传着一种民俗传统体育活动——跳钟馗（见图5-7）。钟馗，是中国民间传说中能打鬼驱除邪祟的神——赐福镇宅圣君。每年端午节，为了祈福祛邪，雄村村民们都会跳钟馗。近几年来，雄村被开发为景区。在景区的雄村文化乐园，为吸引游客，景区专门组织了一个表演队进行跳钟馗表演。通过对表演队队员的采访，了解到景区开展跳钟馗表演有三个目的：其一，通过演出可以为游客祈福；其二，跳钟馗是一项非物质文化遗产，通过演出向游客展现跳钟馗的风采，不仅起到了非常好的宣传作用，而且也是保护和传承这项非物质文化遗产的重要途径之一；其三，表演者既是本村的村民，又是景区的聘用职工，每月他们都可以获得较为固定的收入。因此，从雄村景区跳钟馗表演来看，它与传统雄村的跳钟馗活动已经有了很大区别，虽然还保留着祈福等传统文化功能，但其现代商业价值被大量挖掘出来了。

图5-7 歙县雄村跳钟馗演出

通过上述两个案例可以发现，我国当前农村体育价值观已经发生了很大改变，即正由“求善型以人为本”体育价值观向“善真兼备型以人为本”体育价值观转变。

现在讨论农村体育生活方式现代化的问题时，有些人会忽视农村传统体育价值观的作用，将西方现代体育价值观强加于农村体育生活方式中，这是不正确的。我国农村体育生活方式在寻求现代化的道路上采用西方现代体育价值观是不可取的，是对传统体育文化的不负责任，是对保护体育生活方式多样性的无知。

农村体育生活方式现代化不仅是一个实践问题，还是一个认识问题。西方现代体育生活方式指出了人类体育生活方式进步的核心特征和发展趋势，但这并不能代表西方现代体育生活方式就是人类体育生活方式发展的唯一方向。这种缘起于西方工业社会的体育价值观并非唯一的、可以放之四海而皆准的标准。当前理论界将“世俗化、理性化、城市化、工业化、市场化、科层化”视为现代化的重要指标①。这些重要指标映射在现代体育生活方式上，具体表现为物质化、社区化、休闲化、健身化、组织化、交际化、制度化、科学化、理性化等现代化特征，这些现代化特征也代表了人类体育生活方式现代化发展的趋势。我国农村的新体育价值观的形成告诉我们，在面对现代化程度较高的西方现代体育生活方式和西方现代体育价值观时，既要根据农村社会的发展需要吸收其精华，又要甄选和保留农村传统体育生活方式和传统体育价值观中的精品，来为我国农村体育生活方式现代化服务。

二、体育生活价值结构

我国农村的新体育价值观已然形成，那么它的体育生活价值结构是什么样的呢？本书采用问卷调查的方式来研究这一问题。在设计调查问卷前，我们深入多个村落对村民进行了访谈，以“您认为参加体育活动能给大家带来什么好处”为题，尽可能多地收集村民的体育生活价值信息，整理后咨询部分本研究领域的专家，最后将17个体育生活价值结构指标纳入问卷

① 彭大鹏，吴毅.单向度的农村[M].武汉：湖北人民出版社，2008：197.

中。表5-1是本次调查中同年龄段村民各体育生活价值结构指标选择率排序的统计结果。可见，虽然问卷中村民的体育生活价值结构指标仅有17个，但它们背后都隐含了不同的体育价值观。特别引人注意的是，现代体育生活所倡导的健身、休闲、娱乐和社交等价值结构指标已经被当前中国农民所接受，并且选择率十分靠前（四个年龄段均体现了这样的趋势），而农村传统体育生活价值结构指标选择率基本处于靠后的位置。这一方面说明村民对自身健康和身体形态等的个人生理需求以及个人情感心理需求都越来越高，另一方面反映出传统体育活动（特别是原生态传统体育活动）开展得越来越少了，很多祖上流传下来的传统体育文化面临着消亡，等等。在访谈中，不少村民对此发出感叹，特别是中老年人对此十分敏感，他们对传统体育生活方式和传统体育文化不佳的现状表示无奈，并对加强保护和传承提出殷切的要求。

表5-1　72个村落体育生活价值结构各指标选择率排序

序号	体育生活价值结构指标	30岁及以下	31～45岁	46～60岁	60岁及以上
1	提高运动能力	3	7	7	5
2	增加体力	4	5	6	8
3	增进健康	5	2	1	1
4	美容、减肥、健美体形	2	3	4	7
5	陪家人和孩子参加体育活动，维持家庭和谐	10	8	10	10
6	过年或过节时，渲染村子里节庆热闹气氛	6	4	3	2
7	散心解闷、休闲娱乐	1	1	2	4
8	增进村民之间交往与沟通	9	6	5	3
9	祭祀与信仰、保佑健康、祛病消灾、风调雨顺、农业丰收、生意兴旺	11	10	8	9
10	促进村落、家族和宗族文化的认同感，增强村落、家族和宗族凝聚力	14	12	11	12
11	传统文化或传统生活方式的传承和延续	13	13	9	6
12	维系宗族传承和延续	15	15	15	13

续 表

序号	体育生活价值结构指标	30岁及以下	31～45岁	46～60岁	60岁及以上
13	文化知识的教育与传播	7	9	12	16
14	道德、人格的教育与感化	8	11	13	11
15	为了村子的旅游开发	12	16	14	15
16	可以获得很多福利	17	14	16	14
17	满足体育消费欲望	16	17	17	17
18	其他	18	18	18	18

三、农民的体育需求

农民的体育需求与其体育生活价值结构有着密切的联系。不过，二者之间的密切联系并不能证明农民的体育需求就一定要随着体育生活价值结构的改变而发生相应改变，仅仅说明它具有随体育生活价值结构改变而发生改变的可能。这是因为农民的体育需求还要受到“需求递进规律”的制约。目前，我国农村正处于由农业社会向工业社会和信息社会过渡的阶段，政治、经济、文化等各个方面都有了很大的发展，农民的温饱问题已基本解决，目前如何过好小康生活成为当地村民急需解决的问题。

人的体育需求是社会实践的产物之一，也是对社会经济基础的客观反映。从宏观性、普遍性和一般性角度来看，体育生活主体的体育需求之所以作为较高或高层次需求，是因为它是在物质需求得到相应满足后才产生的一种精神需求。不过也存在一些另类的现象，如有些人物质需求和生理需求得到满足后，并没有产生较高层次的体育需求；有些人物质需求没有得到充分的满足，但经常或偶尔参加各类体育活动。其实，这两种现象都属于微观性、具体性现象。出现前一种现象是因为体育生活方式的文化功能没能激发出个人体育需求，也就是说这些人虽有较高层次的需求，但他们对体育没兴趣或者体育意识淡薄，因而未形成体育需求。后一种现象中，这些人的需求本应集中在物质需求和生理需求上，但他们出现了较高层次的体育需求，这一方面与体育生活方式的文化功能激发出个人体育需求有关，即这些人的体育意识强烈，产生了体育需求和体育生活行为；另一方面，“需求层次理论”告诉我们，某一时期，某个人可能同时具有几种不同层次的需求，几种不同层次的需求虽相互依赖和重叠，但只有某种或某一层次的需求占支配地位，对行为起决定作用。可见，这些人因经济条件较差，虽具有高层次的体育需求和体育行为，但低层次需求还是占据支配地位，并且在经济条件没有发生本质改变情况下，体育需求和体育行为的出现，并不会动摇低层次需求的支配地位，只会小幅度地影响低层次需求发挥作用。当这些人经济条件发生明显变化，较高层次的需求就会占据支配地位，使得较低层次的需求成为次要地位需求。

农耕社会的汪满田村，每年过年村民们都会嬉鱼灯，他们的需求是什么呢？保佑健康、祛病消灾、风调雨顺、农业丰收、生意兴旺，全村一起狂欢闹元宵，锻炼身体，加强与其他村民的沟通，等等，都可以视为村民的需求。不过，处于农耕社会的汪满田村村民们最想从嬉鱼灯活动中获得的是“保佑健康、祛病消灾、风调雨顺、农业丰收、生意兴旺”的祝福，这与当时全村经济条件差，温饱问题和健康问题是当地村民急需解决的两大问题有关。虽然今天来看，嬉鱼灯活动保佑健康、祛病消灾等纯粹是一种迷信或祭祀活动，但在那个科学不发达的年代，解决温饱问题和健康问题与嬉鱼灯活动有着直接的联系。因此，在农耕社会，汪满田村村民的生理需求和安全需求占支配地位，而嬉鱼灯活动“保佑健康、祛病消灾、风调雨顺、农业丰收、生意兴旺”的祈福作用就正好满足了村民生理需求和安全需求。当前的汪满田村，每年元宵节期间依然开展嬉鱼灯活动，但是村民的需求却明显发生了变化。2012年元宵节期间我们到汪满田村进行实地考察（见图5-8至图5-13），就“为什么每年要嬉鱼灯”这个问题对一些村民进行了访谈。祈福依旧是汪满田村人嬉鱼灯的主要目的。除此之外，还有以下几种观点：其一，加强村民之间的情感沟通。现在村子里的年轻人不是在外读书，就是在外务工，只有到了春节期间大家才能见面，而嬉鱼灯正好是一个可以将大家聚在一起的活动。其二，它是一个村落的精神家园，是对村落本土文化的认同，增强了村落、宗族的凝聚力。其三，它可以向外界宣传汪满田村，保护和传承传统文化。近几年，嬉鱼灯活动被很多学者整理成文字上传到各个网站，甚至被撰写在专著和学术论文中，引起了外界的关注，以至于2012年元宵节安徽电视台、浙江电视台等纷纷组团扎营在汪满田村对嬉鱼灯活动进行直播，这一做法加速了汪满田村嬉鱼灯走出村落，走向世界，并让世界人民都有机会来领略深山中的这个古老文化和传统体育生活方式。可见，在经济条件不断改善的汪满田村，村民较高层次的需求开始逐渐占据支配地位，较低层次的需求处于从属地位。

图5-8　汪满田村嬉鱼灯时使用的灯（一）

图5-9　汪满田村嬉鱼灯时使用的灯（二）

图5-10　元宵节期间汪满田村在桥上制作的横幅（一）

图5-11　元宵节期间汪满田村在桥上制作的横幅（二）

图5-12　嬉鱼灯现场（一）

图5-13　嬉鱼灯现场（二）

四、农村体育生活方式的系统结构与文化功能

系统结构是指系统内部各组成要素之间相互联系、相互作用的方式或秩序，即各要素在时间或空间上排列和组合的具体形式。根据前文的论述，我们将农村体育生活方式视为一个系统，包括体育生活条件、体育生活主体、体育价值观和体育生活形式等四个要素，其中体育生活条件由人力资源、物力资源、财力资源、管理组织、法规制度和知识信息资源等组成（见图5-14）。该系统元素以及元素之间相互联系、相互影响共同形成了农村体育生活方式系统结构。

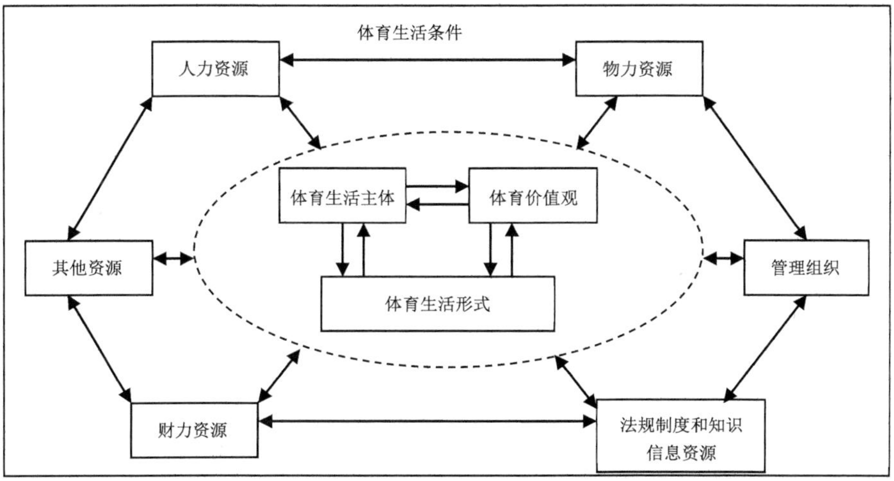

图5-14　农村体育生活方式系统结构

农民新的体育需求必然会对其体育生活方式的文化功能提出更高的诉求。因此，为了满足新的诉求，原有的农村体育生活方式系统结构需要进行必要的改变，并提供合适的文化功能。不过农民的主观意识变化并不能决定其体育生活方式功能的调整。农村体育生活方式文化功能改变的决定力量在于体育生活方式系统结构的重构。一般来说，系统功能源于系统结构，即有什么样的结构就会有什么样的功能。因此，体育生活方式文化功能调整的诉求需要其系统结构重构的配合。当前，我国农村的体育生活价值结构呈现出“中西融合”的态势，并且在农村社会、经济、文化快速发

展的背景下，农民的体育需求不再停留在生理需求和安全需求的初级阶段，开始逐渐向中级和高级阶段过渡，呈现出需求多元化、高层次化的趋势。这种趋势要求农村体育生活方式系统提供与之相配套的文化功能，才能满足农民不断多元化、高层次化的体育需求。我们认为体育生活方式的文化功能与人类体育需求之间的关系为：人类的体育需求是体育生活方式文化功能存在的基础，而体育生活方式的文化功能在于满足人类的体育需求。也就是说，人类体育需求的改变总是会对体育生活方式的文化功能提出诉求。体育生活方式系统的结构决定了其所能提供的文化功能，所以当人类体育需求发生改变时，体育生活方式系统结构必须进行相应的调整，并提供相应的文化功能来满足人类体育需求的改变，从而形成良性运行。但也存在这样一种状况：当人类体育需求发生改变，由于各种原因，体育生活方式系统结构没有调整或超过了系统结构调整的极限，使得系统提供的文化功能无法满足人类的体育需求时，那么这种体育生活方式系统将会逐渐消亡。不过这种体育生活方式系统的消亡并不意味着人类的体育需求也将全部随之消亡，可能会有部分体育需求转变为寻求其他类体育生活方式系统所提供的文化功能，也可能寻求其他文化生活方式提供相似的文化功能来填补此类体育生活方式消亡所形成的文化功能真空。

在整个由社会环境、价值观、体育价值观、体育生活价值结构、体育需求、文化功能、体育生活方式系统结构等因素及其相互关系所组成的体育生活方式现代化运行机制中，每个因素相互影响、相互制约，维持着体育生活方式现代化的运转。虽然体育生活方式系统结构出现了重构现象，是缘于人们体育需求发生改变对其系统文化功能提出了新诉求，但是从体育生活方式系统与社会环境二者关系角度来看，前者是对后者的一种间接体现，同时后者又是对前者的间接推动。

在以全球化和城市化为背景的现代化进程中，我国众多传统体育文化和传统体育生活方式，要么欣然地顺应潮流来改变自我，以求发展；要么固执地选择坚守，最终无奈被边缘化，甚至消亡。

第二节　我国农村体育生活方式现代化现阶段目标

经过漫长的历史岁月，“现代”之所以可以称为“现代”，是因为其形成了一系列相关的属性、特点、思想、观念和文化等特征值，也就是现代性。这些特征值可以衡量一个国家、民族、阶层的现代化程度。同样，体育生活方式的现代性可以衡量一个国家、民族、阶层体育生活方式的现代化程度。西方现代体育生活方式的现代性主要分为两个部分：现代性的共性和现代性的个性。前者具有普遍适用性，即各国、各民族、各阶层实现体育生活方式现代化要达到的基本目标；后者是因各国、各民族、各阶层的经济、文化、政治等方面的差异，导致各国、各民族、各阶层的体育生活方式现代性呈现出独具特色的个性，或者说各国、各民族、各阶层的体育生活方式要实现现代化，就要走出一条适合自己的、有特色的现代化道路。相对于西方国家和我国城市体育生活方式，我国农村体育生活方式现代化程度较低，主要体现在现代性的共性方面。也就是说，我国农村体育生活方式之所以要寻求现代化，是因为当前的农村体育生活方式现代性不足，准确地说是现代性的共性不足。体育生活方式现代性的共性是各国家、民族和阶层体育生活方式现代化具备的特征和本质属性，它是体育生活方式现代化界定的规定性指标，即达到上述规定性指标标准的国家、民族和阶层的体育生活方式才能称为现代体育生活方式，否则这个国家、民族和阶层的体育生活方式就不具备现代性或正处于现代化初级阶段。我国是一个体育生活方式现代化后发国家，体育生活方式现代性的共性将成为我国体育生活方式现阶段的奋斗目标。当然，不同国家、民族、阶层因社会环境、历史条件和文化背景等方面的差异，体育生活方式现代性的共性会有不同的表现形式。因此，在城乡“二元社会”背景下，我国农村体育生活方式现代性的共性将会有不同的解读和诠释。

一、现代与社会现代化

何谓“现代”？何谓“社会现代化”？厘清这两个问题是我国农村体育生活方式现代化的逻辑起点。

（一）现代

“现代”最初是一个时间概念，出现于公元4世纪的拉丁语“modernus”，一般用于区别“古代、过去”，表述为“当下、目前”，强调相对于过去某一个点都是“现代的”或“新颖的”。但好景不长，由于对自我主体性认识的不足，加上社会秩序的混乱，人类开始认为“现代”的理念、制度、思想等都远不如过去。到了中世纪，“现代”的内涵又发生了改变。它常常伴随着耶稣的现身而出现，在耶稣不断战胜古代异教徒的过程中，“现代”一词的内涵发生逆转，具有了超越古代和过去的优越感，不再是落后、愚昧的代名词。“现代”内涵的逆转是一种“古代”和“现代”在价值上和文化上的概念分化。这种分化随着文艺复兴的推进越演越烈。随着人类对自身主体性的认识不断提高，人们总是以理性的思维来重新审视人与社会，甚至整个世界。最终人们对古代社会和现代社会进行评判比较时，常常采用农业与工业、身份与契约、自然经济与市场经济、乡土化与城市化等相对的二元结构指标来衡量。文艺复兴和启蒙运动之后，特别是到了近现代，工业革命、科技革命、市场经济、全球化等的出现，使得当代的“现代”内涵明显有别于中世纪及其之前的“现代”内涵。

（二）社会现代化

现代化作为一种理论，发端于19世纪末的欧洲。一般来说，“现代化”一词的理解有广义和狭义之分。从广义上来说，洛克、孔德、斯宾塞、迪尔凯姆、韦伯等的社会发展理论为社会现代化做了开创性研究；从狭义上来说，现代化是人类为了社会发展而提出的一种目标，是第二次世界大战以后，一批经过长期斗争而获得了解放和独立的发展中国家为摆脱贫穷和落后，追赶发达国家的经济、社会发展水平而提出来的，试图阐明发展中国家得以实现现代化的条件。社会现代化是现代化的一个重要方面。《中国现代化报告2006：社会现代化研究》将“经典社会现代化”定义为：“社会现代化是一种社会变迁，它既是从传统农业社会向现代工业社会的转变过程及深刻变化，也是欠发达社会追赶和达到发达社会先进水平的过程及变化。”①不过许多学者对“社会现代化”都提出了自己的观点，尽管存在差异，但对社会现代化以下几方面的理解达成了共识：其一，现代化不仅是一个发展水平的标准，还是一个社会变迁过程，即现代化是一个相对的、动态的概念；其二，各国现代化道路的选择应从本国国情出发，特别是对发展中国家来说，现代化不等于“西方化”；其三，现代化是一个系统的概念，需要系统内部和外部、系统中各个子系统的综合协调发展。实践证明，现代化作为一种社会历史过程，无论在哪一个国家和地区都首先在城市范围内展开，这是与工业生产较早出现在城市有关，而农村农业生产的特殊性和惯性，延缓了农村社会的现代化进程。因此，农村社会现代化是一个独立的概念范式②。

现代化理论将社会现代化的历史进程分为两个不同的阶段：一是第一次社会现代化，它是从农业社会走向工业社会；二是第二次社会现代化，它是从工业社会走向信息社会。对于第一次社会现代化，可以通过经典社会现代化理论进行解释。20世纪五六十年代是经典社会现代化理论的黄金时期。《中国现代化报告2006：社会现代化研究》一书指出，经典社会现代化的结果包括社会流动、分层、分化和整合，家庭小型化、城市化、理性化、专业化，家庭机械化、电气化、自动化、福利化，普及初等义务教育和大众传播等③。20世纪70年代以来，人类社会发生了巨变，新思想如雨后春笋，这使得经典社会现代化理论出现以下两个方面的局限：一是经典社会现代化理论相对忽视了社会现代化的负面结果。人类社会在追求社会

① 中国现代化战略研究课题组，中国科学院中国现代化研究中心．中国现代化报告2006：社会现代化研究[M]．北京：北京大学出版社，2006：80.

② 李守经．农村社会学[M]，北京：高等教育出版社，2000：251.

③ 中国现代化战略研究课题组，中国科学院中国现代化研究中心．中国现代化报告2006：社会现代化研究[M]．北京：北京大学出版社，2006：81.

现代化过程中，获得的不仅仅是“成绩”，还有许多负面的结果。如大规模工业生产带来了生态环境污染、自然资源浪费、贫富差距过大威胁到社会稳定、传统文化遗产逐渐消亡等负面问题。二是信息社会目标的出现使得经典社会现代化理论存在指导局限性。经典社会现代理论是以实现工业社会为发展终点而研究和总结的社会现代化理论。经典社会现代化理论对于早已进入工业社会的西方发达国家来说，不具有指导意义，只具有解释意义；对于未进入工业社会的发展中国家来说，使用这套理论会存在很多尴尬。其一，当前发展中国家的时代背景与当年西方发达国家追求工业社会的时代背景已经有了很大的不同，而经典社会现代化理论是依据当年西方发达国追求工业社会的时代背景条件而提出的，因此，时过境迁，经典社会现代化理论对发展中国家的指导作用将大打折扣；其二，目前西方发达国家已经基本实现从工业社会向信息社会过渡，发展中国家也正加速向信息社会转型。因此，经典社会现代化理论在实践指导中存在历史局限性。

由于经典社会现代化存在两方面的局限性，1998年中国科学院何传启研究员创造性地提出了“广义社会现代化理论”，以完善经典社会现代化理论的不足。何传启的观点被收录到《中国现代化报告2006：社会现代化研究》一书中，该书将广义社会现代化表述为“是一个历史过程，又是一种革命性的社会变迁，它包括从农业社会向工业社会、从工业社会向信息社会的两次转型，社会生产力和生活质量的持续增长以及追赶、达到和保持世界先进水平的国际竞赛”[①]。该书指出第二次社会现代化相对第一次社会现代化出现了以下主要变化（见表5-2）。

表5-2 第二次社会现代化相对第一次社会现代化出现的主要变化

领域	主要变化或新特点
社会结构	知识化，知识劳动者成为劳动者的重要组成部分，体力劳动者成为少数
生活方式	信息化，绿色化，人们在网络空间停留的时间不断延长，社区生活复兴
消费观念	知识消费、文化消费，重视休闲、生态、环境和文化保护
性和家庭观念	多样化，西方发达国家宽容多种性行为，包括同性恋等，家庭多样化

① 中国现代化战略研究课题组，中国科学院中国现代化研究中心．中国现代化报告2006：社会现代化研究[M]．北京：北京大学出版社，2006：84.

续表

领域	主要变化或新特点
不平等	知识和信息造成的不平等,不平等的个性化等
生活观念	对生活质量的关心增加,关心生命的目的和意义,观念多元化
妇女权利	妇女和儿童权利意识普遍增强,少数民族和群体获得平等对待
社会形态	知识社会、信息社会、网络社会、风险社会、生态社会、学习社会等

21世纪的今天，西方发达国家已经完成了第一次社会现代化，并推动着工业社会向信息社会转变，即处于第二次社会现代化进程中。然而，面对第二次社会现代化的美丽蓝图，发展中国家该如何选择自己的现代化发展之路呢？是继续推动第一次社会现代化，还是放下第一次社会现代化目标，跳跃地选择第二次社会现代化发展之路；或者是在第二次社会现代化的影响下，协调地推动第一次社会现代化和第二次社会现代化同步发展，而逐渐缩小与西方发达国家的差距。第一次、第二次社会现代化的同步推动是一种新型社会现代化发展之路，《中国现代化报告2006：社会现代化研究》称之为“综合社会现代化”。纵观世界各发展中国家，大部分选择了这条综合社会现代化道路。可以说综合社会现代化道路具有科学性，也具有艺术性。说它具有科学性，是因为它是广义社会现代化理论的一部分，是广义社会现代化理论在第一次社会现代化中灵活使用的重要体现；说它具有艺术性，是因为第一次、第二次社会现代化的共同推动留给了各国更多的实施空间，从而使这些国家在选择综合社会现代化道路时，模式并非单一，而是多姿多彩，具有高超的艺术性①。

二、理性是体育生活方式现代性的本质和核心

何谓理性呢？一般来说，理性是人所特有的思考、理解、解释事物的能力。这种能力，不是以情感、信仰、神话、宗教的方式发挥，而是通过逻辑推理、数学计算、技术控制等方式发挥的。中世纪以来，西方人在不

① 中国现代化战略研究课题组，中国科学院中国现代化研究中心．中国现代化报告2006：社会现代化研究[M].北京：北京大学出版社，2006：119.

断理性化的过程中，逐渐从以神为本走向以人为本，最终确定了人的自我中心化结构；厘清了主客体的关系，主体有了自我反思的意识，强调自主性；能够把握、开发和使用客体为主体需要服务，并把客体作为可以宰制的对象；追求本质、规律、统一性，崇尚普遍性、先验性、一致性，而拒斥差异性、多元性、不确定性、神秘性①。

欧洲中世纪，禁欲主义横行。神学家奥古斯丁提出的“原罪”说认为“通过禁欲、斋戒、忏悔等修行才能摆脱人间的罪恶和痛苦，死后灵魂才能升天，要鄙视现实、鄙视肉体”②。在“原罪”说的影响下，一切有利于身体健康的行为成为“罪孽”，这在很大程度上压制了体育开展。不过，在中世纪，为了能够保卫教会和封建领主，骑士制度中的尚武训练得到保存和发展。中世纪以后，理性主义和人本主义逐渐融入欧洲社会，人们对自己的身体越来越关注，大量的民间体育活动，如西班牙冷兵器决斗、赛马，南英吉利的拳击和探险，瑞士的射箭和摔跤等都成为近代体育的原始素材和原型③。可见，理性是近现代体育生活方式诞生的原动力，也是现代体育生活方式现代性的本质和核心。

三、体育生活方式现代性的三种共性

理性既是现代性的核心理念，也是一种思维方式。具有这种理性思维方式的人们在对他们所支配的对象（诸如自然、环境、政治、经济、文化、体育等）实施改造时，会让众多领域呈现出色彩缤纷的现代性。根据何传启的观点，人类社会现代化可分为三种类型——第一次社会现代化、第二次社会现代化和综合社会现代化。学者们将现代化以前的传统农业社会的特点归纳为传统性；将完成第一次社会现代化过程的现代工业社会的特点归纳为第一现代性，包括民主化、工业化、城市化、福利化、世俗化、分化与整合、社会流动、大众传播和普及初等教育等；将第二次社会现代化

① 李洪波.现代性与中国的现代化[D].济南：山东大学，2008：13.

② 高海霞.西方消费文化观念变迁研究[D].兰州：兰州大学，2009.

③《体育史》编写组.体育史[M].北京：高等教育出版社，1987：266-271.

的信息社会特点归纳为第二现代性，包括知识化、信息化、网络化、全球化、创新化、个性化、多样化、生态化、民主和理性、普及高等教育等①。而综合社会现代化的现代性介于第一现代性和第二现代性之间，既包含了第一现代性的某些特征，也包含了第二现代性的某些特征。可见，社会现代化的现代性有三种，即第一现代性、第二现代性和综合现代性。这三种现代性具有普遍实用性的特征，并不是某一国家、民族和阶层的个性特征，因此，第一现代性、第二现代性和综合现代性均是现代社会现代性的三种不同共性。

体育生活方式是社会发展的重要表征之一，现代社会现代性的共性也无时无刻不给体育生活方式打上深刻的时代烙印，使得体育生活方式也会相应呈现出第一现代性、第二现代性和综合现代性三种共性。根据现代社会第一现代性、第二现代性的特点，以及前文对西方国家体育生活方式特点的阐述，我们归纳总结出体育生活方式第一现代性、第二现代性指标框架，并向本研究领域专家进行访谈和咨询，最后得出体育生活方式的第一现代性和第二现代性。

(一)体育生活方式的第一现代性

（1）体育生活用品工业化。居民在体育生活中使用的用品不再全部出自个人制作，而大部分来自工业生产。

（2）体育生活无性别差异。工业社会中，女性参与体育生活已经很普遍，呈现出体育生活的无性别差异。

（3）城市体育生活优先化。随着工业社会不断推进城市化进程，城市体育生活发展速度要明显高于农村。

（4）体育生活福利化。建立了社会体育生活保障制度，并普及体育生活福利。

（5）体育生活通俗化。体育生活内容更加贴近普通民众的体育生活内容。

（6）体育教育不断普及。公民接受体育教育成为常态。

① 中国现代化战略研究课题组，中国科学院中国现代化研究中心.中国现代化报告2006：社会现代化研究[M].北京：北京大学出版社，2006：103.

（7）体育生活阶层化。随着社会分化的日益明显，底层阶层依然存在，但不断在减少，中产阶级迅速扩大，同时各个阶层所参与的体育生活内容及方式也出现差异。

（8）媒体参与体育生活信息传播。电视、广播、报纸期刊等参与体育生活信息的传播。

（二）体育生活方式的第二现代性

（1）体育生活大众化。将体育作为生活内容的人越来越多，体育生活人口比例升高。

（2）城乡体育生活方式差异不显著。随着“城市—城镇—农村”人口的双向流动，城乡体育生活方式差别逐渐缩小。

（3）体育生活信息网络化。随着全面普及网络和通信技术，各类体育信息网络化，人们通过网络平台可以公平地享有各类体育信息和知识。

（4）体育生活科学化。体育科学知识不断普及，并借助先进的科学仪器和设备，促使人们体育生活质量不断提高，人们追求终身、健康、文明和科学的体育生活。

（5）体育生活组织化。人们可以根据自我的体育需求爱好，选择不同的体育健身俱乐部或其他体育健身组织进行体育生活。

（6）体育生活创新化。全面普及创新理念，促使体育生活不断推陈出新。

（7）体育生活个性化和多样化。尊重体育生活观念的个性化，促进体育生活的多样化，体现人们对体育生活宽容和平等的态度。

（8）注重体育生活质量的提高。人们不再关注体育生活的时间和数量，而是看重体育生活的质量。

（三）体育生活方式的综合现代性

体育生活方式的第一现代性和第二现代性皆与其所处的社会的现代化程度有关，都是以“理性”为核心。从实践来看，我国农村体育生活方式存在理性的一面，也就存在现代化的问题。目前，我国采取的是以综合现代化的方式来推动社会的现代化进程。在这样的背景下，我国体育生活现代化也是采取综合现代化的方式来推动，既呈现出体育生活方式第一现代性的因素，也包含部分体育生活方式第二现代性的内容，或者说它是一种以综合体育生活方式第一现代性和第二现代性为目标的新的发展形式。不过需要指出的是，我国城乡体育生活方式现代化的目标虽然都是综合现代性，但是它们的具体内容却不一定一样。《中国现代化报告2006：社会现代化研究》中提道："选择综合社会现代化，是将第一、第二社会现代化合二为一来实施。由于不同发展国家起点不同，终点（赶上发达国家的时间）也不同，所以，综合社会现代化是一种新型的社会现代化，而从起点到达终点不是一条路径，而是一组路径。"①这一论断虽没有谈到我国城市和农村，但道理是一样的。我国城市和农村体育生活方式现代化起点不同，终点也不同，它们选择的实现体育生活方式综合现代化的路径和方法也不相同。在这种背景下，我国城乡体育生活方式现代化的目标虽然都是综合现代性，但因我国城乡"二元社会"所形成的城乡经济、政治、文化和教育等方面的差异，他们要根据自身实际情况制定适合自身发展的、具体的体育生活方式现代化目标。

为了制定我国农村体育生活方式现代化的现阶段目标，需要依据和尊重当前我国农村社会的客观现状和其他背景情况，对我国农村体育生活方式综合现代性进行解读和诠释。这些情况主要包括：其一，体育生活方式第一现代性、第二现代性，是我们制定现阶段目标的"域"，脱离这个"域"，综合现代性的意义就不存在了；其二，符合城乡"二元社会"的客观背景；其三，符合新农村建设的内涵和精神；其四，符合近期有关农村体育发展方面的法规和文件；其五，我国农村体育生活方式现状。通过分析和总结，我们初步构建了现阶段我国农村体育生活方式现代化目标体系——符合我国农村实际情况的体育生活方式综合现代性。

1.城乡体育一体化

目前，在体育场地、体育经费、社会体育指导员、体育消费和社会体育组织等方面，城乡之间都存在较大的差距，这种现状不利于我国农村体

① 中国现代化战略研究课题组，中国科学院中国现代化研究中心．中国现代化报告2006：社会现代化研究[M].北京：北京大学出版社，2006：110.

育生活方式现代化，因此缩小城乡体育差距应成为各级政府和职能部门的重要任务之一。目前，国家发布了一系列文件，传达了各级会议精神，诸如《中共中央国务院关于推进社会主义新农村建设的若干意见》提出“按照统筹城乡发展的要求，采取了一系列支农惠农的重大政策”，党的十六大提出“统筹城乡经济社会发展”，党的十八大提出“推动城乡发展一体化”，《体育事业发展“十二五”规划》提出“提升公共体育服务质量，推进城乡公共体育服务均等化”，等等。这些文件和会议精神已经明确“促进城乡体育一体化”是“坚持统筹城乡发展，加快推进城乡一体化”的重要内容之一，是解决“农村体育生活方式现代化问题”的重要指导思想。

2. 农村体育生活福利化

1995年我国《体育法》规定：“体育事业应当纳入国民经济和社会发展计划。”农村体育事业作为体育事业的重要组成部分，被纳入国民经济和社会发展计划是理所应当的。2002年，《农村体育工作暂行规定》明确指出：“农村体育应当纳入当地国民经济和社会发展整体规划，纳入社会主义精神文明建设和小康建设内容。”但是，由于各种原因，农村居民难以享受与城市居民一样的体育福利。所以《中共中央国务院关于推进社会主义新农村建设的若干意见》提出，对于农村的投入“坚持‘多予少取放活’的方针，重点在‘多予’上下功夫”，“扩大公共财政覆盖农村的范围，建立健全财政支农资金稳定增长机制”。除了政府、社会和个人不断加大对农村体育人力、物力和财力的投入，同时还应制定和严格执行农村体育保障制度，普及农村体育福利。

3. 体育生活信息媒体化和网络化

缺少体育信息的体育生活是不存在的。过去农民了解体育信息基本上是通过人与人交流。现在，各种媒体大量走进农村，农村居民通过广告栏、书籍、电视、广播、手机和网络了解体育信息的频率越来越高，但是相对城市居民来说，农村居民体育生活信息媒体化和网络化程度还是相对较低，因此，实现农村体育生活信息媒体化和网络化的任务还很艰巨。

4. 传统体育生活和现代体育生活融合化

通过许村个案，我们了解到我国农村已经进入了传统体育生活方式与现代体育生活方式融合期。然而，从目前融合的情况来看，效果并不佳。究其原因，一方面，现代体育生活方式的文化功能丰富多样，而且开展时间不受限制，可以满足农村居民持续的、多元的体育需求，这就使得现代体育生活方式占领了传统体育生活方式太多的“空间”；另一方面，传统体育生活方式的文化功能较为单一，而且活动开展时间主要集中在节庆期间，这给传统体育生活方式的传承带来很多负面影响，造成当前很多传统体育生活方式的边缘化，甚至消亡。《中共中央国务院关于推进社会主义新农村建设的若干意见》中指出：“要保护和发展有地方和民族特色的优秀传统文化。”因此，加强传统体育生活方式的文化功能创新，促进其可持续发展，可以有效地保护和传承传统体育生活方式。

5. 农村体育场地与设施多样化

自农民体育健身工程实施以来，大量行政村都有了自己的一个篮球场和两张乒乓球台。然而，随着农村居民体育需求的不断增加，一个篮球场和两张乒乓球台难以满足农村居民的需求。在经济发达的江苏省江阴市，2012年该市推出城乡“十分钟体育健身圈”工程和市、镇、村“新四个一工程”。前一项工程是指城乡居民居住区步行10分钟路程范围内，有一处可供开展健身活动的场馆（地）或设施；后一项工程是指在镇（街道）建一个游泳池、一个田径场、一个全民健身活动中心，让70%的镇（街道）拥有一个体育馆。目前，各经济欠发达省市在推动农村场地和设施多元化方面难以有大的作为，但是随着农村社会、经济、文化等方面的不断发展，像江阴市这样的农村体育场地与设施多样化建设规模将会在全国普及开来。

6. 体育教育普及化

长期以来，由于缺少专业体育教师和体育教学经费短缺等原因，我国农村中小学体育课开展情况不佳，农村学生难以通过体育课去学习和掌握教学大纲所要求的各种运动项目基本知识、技术和技能以及其他体育理论知识，这在一定程度上抑制了他们良好体育意识和体育锻炼习惯的形成。可见，推动农村体育教育普及化对发展农村体育生活方式具有重要意义，因此，各级政府和教育部门应按照国家要求备齐农村中小学专业体育教师，并严格按照体育课教学大纲和课时数保证体育课的质量和数量。

7. 体育生活科学化

总的来看，体育生活方式是一种健康、科学、文明的生活方式，但是农村某些传统体育活动中或多或少存在着封建迷信和宗教色彩。在农村，因缺少社会体育指导员的指导和体育科普知识的普及，村民们对各种现代运动项目的基本知识、技术、技能以及其他体育理论知识知之甚少、掌握甚少。现在我们建设社会主义新农村，提倡崇尚科学、抵制迷信、破除陋习等，提倡科学健康的生活方式。因此，农村体育生活科学化任重道远。

8. 农村社会体育指导员普及化

农村社会体育指导员是在农村从事技能传授、锻炼指导和组织管理工作的人员，他们的素质高低和数量多少直接关系到农村体育生活质量的高低。然而，目前我国农村社会体育指导员人数只是城市的十分之一①，第六次人口普查数据显示，居住在农村的人口占全国人口的50.32%，可见，城乡社会体育指导员拥有量存在着巨大差距。国家体育总局发布的《社会体育指导员发展规划（2011年—2015年）》规定，到2015年，“农村达到每两千人至少拥有一名社会体育指导员的目标”。不过，按照实现城乡体育一体化目标，这个数字还是远远不够的，所以农村社会体育指导员普及化任务十分艰巨。

9. 体育生活组织化

虽然传统体育生活也存在着体育组织形式，如宗族、家族、会社等，但在大量现代体育引入农村后，宗族、家族、会社等传统体育组织因自身原因，难以再承担现代体育活动的组织和指导工作。在西方国家，体育协会和体育俱乐部是居民体育生活重要的组织基础，它们会让居民的体育生活进入专业化和层次化组织和管理，保证了居民体育生活的有序化、科学化和高质量化。因此，西方国家不断加强体育协会和体育俱乐部建设，组织大众参与体育活动的经验值得我国农村借鉴。国家体育总局《体育事业发展“十二五”规划》中提出：“‘十二五’时期……60%以上的农村乡镇

① 黄心豪.社体指导员：发展还需全方位[EB/OL].http://sports.sina.com.cn/s/2007-11-23/16551309924s.shtml.

建有体育组织……50%以上的农村社区建有体育健身站（点）。”[1]可见，当前农村需要培育大量的现代体育组织，才可以保证农村居民体育生活的有序化、科学化和高质量化。

10.体育生活创新化

《中共中央国务院关于推进社会主义新农村建设的若干意见》指出要“创新农村文化生活的载体和手段”。对于体育生活方式来说，创新主要涉及体育生活方式文化功能和活动形式的创新，如定期组织村民开展登山比赛，赋予登山活动以“竞技功能”，在乡镇政府的组织下定期开展乡镇农民运动会，要求每个行政村派队参加。乡镇农民运动会可以设置现代体育项目，也可以设置民俗传统体育项目，以吸引更多村民积极参加，让村民得到展现自我运动能力的舞台。通过各个村运动员的场上竞技，不仅可以吸引更多村民前来观看，而且也是一次很好的农村体育宣传，让更多的村民参与到体育活动中来。对于某些宗族祭祀体育活动，可以淡化其祭祀、迷信等内容，将其作为村民体育健身项目来开展。

11.体育生活个性化和多样化

随着理性主义和个性主义不断渗入农村，农村体育需求和体育生活形式不再单一化，而是呈现个性化和多元化。针对这样的趋势，政府、社会要保持对农村体育生活宽容和平等的态度，既要尊重他们的传统体育生活观念，又要洞察他们的现代体育参与新动向，积极引导，并逐渐加大对具有个性和多样性的农村体育公共服务的投入，切勿“一刀切”。

12.体育生活终身化

终身体育是指一个人终身进行身体锻炼和接受体育教育，它是一个国家、地区、阶层和个人的体育意识的综合体现。随着农村社会的不断发展，农村体育生活人口在不断增加，将“生命在于运动”“人体自身发展，需要体育锻炼伴随终身”等体育观念作为自己运动格言的农村居民也越来越多，因此，体育生活终身化将成为农村体育发展的一大趋势。

13.农村体育生活人口大众化

目前相对于城市，农村参与体育锻炼的人口并不多。但随着政府和社

① 国家体育总局政策法规司.体育事业发展“十二五”规划[M].北京:人民体育出版社,2011.

会对农村体育的不断关注和宣传，各方面投入的不断增多，农村体育场地和设施、农村社会体育指导员、农村社会体育组织等在数量和质量方面将会有较大的改观，农民的体育意识也会达到较高水平，从而吸引更多的农民参与到体育生活中来，因此，农村体育生活人口大幅度增加趋势不可避免。

上述13个指标是根据目前我国农村社会的客观现状和五个背景情况分析总结出来的，它们是现阶段我国农村体育生活方式现代化奋斗目标。诚然，当前我国农村体育生活方式现状与这14个指标的要求还相差较远，但我们相信，在国家和社会的全力投入和关注下，农村体育生活方式接近和达到这14个指标的要求不会太远。需要说明的是，上述14个指标也仅仅是我国农村体育生活方式现代化现阶段目标的具体体现，随着农村社会现代化水平的不断提高，农村体育生活方式也会有长足的发展（14个指标中部分或全部都已实现），到那时我们需要根据新的状况和背景，对新时期的农村体育生活方式综合现代性再进行预期分析，并制定新时期奋斗目标，直至体育生活方式第一现代性和第二现代性都得以实现。

第三节　我国农村体育生活方式现代化现阶段道路

体育生活方式现代性包括共性和个性两部分。体育生活方式现代性的个性是因各国、各民族、各阶层的经济、文化、政治等方面的差异而形成的，或者说各国、各民族、各阶层的体育生活方式要实现现代化，就要走出一条适合自己的、有特色的现代化道路。西方国家体育生活方式走的是一条注重“体育物质生活和精神生活相平衡”的“高收入、高消费、高福利”型现代化道路。显然，我国农村社会与西方社会有着一定的文化和经济差距。当前，我国农村体育生活方式的现代性具有什么样的个性呢？或者说应该走一条什么样的道路呢？

一、我国农村生产方式的现状决定其体育生活方式现代化的道路

在对许村体育生活方式百年变迁的研究中，我们得出“生产方式决定了体育生活方式的现代化程度”这样一条规律，也就是说一个社会的体育生活方式不可能摆脱这个社会的生产方式对它的限制。

20世纪60年代，第三次产业技术革命首先在西方发达国家兴起，这些国家的生产方式由劳动密集型转变为以科技和知识为主的集约型。生产方式的转变也引起了这些国家人们生活方式的巨大变化。具体表现为人们的物质生活丰富了，接触信息的面更广了，余暇时间增多了，于是人们在使人们在工作、休闲和日常生活等方面产生了更多的需求。西方发达国家生产方式的改变带来西方生活价值观的变化，并深刻影响到西方社会生活方式的转变。在这样的社会背景下，体育逐渐走进并深入人们的生活中。在体育生活中，西方人十分关注体育的意义和价值，并提出“积极生活”的理念。积极生活是一种将体育活动积极融入日常生活的一种生活方式，它意味着在休闲时间里，为了健身、娱乐等需求，积极参与体育活动。积极生活中的人们体育消费高，这与西方发达国家人均收入较高、消费意识较强有关。为了促进人们积极生活，政府投入大量资金，提供满足人们体育需求的公共体育服务体系，因此，西方发达国家的体育生活方式逐渐形成了自己的个性——一种注重“体育物质生活和精神生活相平衡”的“高收入、高消费、高福利”型体育生活方式。

可以说，某一国家、某一民族和某一阶层的体育生活方式一定要适应这个国家、这个民族和这个阶层的生产方式。那么，我国构建农村新型现代体育生活方式能效仿西方吗？这需要我们分析一下目前我国农村的生产方式。

生产方式作为生产力要素的结合形式与作用方式，不仅由一定的生产力状况所决定，而且又对生产力的发展起着巨大的反作用①。改革开放之

① 于金富.生产方式变革是建设社会主义新农村的基础工程[J]，经济学家，2007(4)：103-107.

后，我国农村开始全面实施家庭联产承包责任制。在20世纪80年代，我国农村生产力释放出巨大的能量，农村的社会、经济、文化和生活等各个方面都获得了喜人的成就。到了90年代，中央确立了建设有中国特色社会主义理论在全党的指导地位，并且明确了我国经济体制改革的目标是建立社会主义市场经济体制。当然，建立社会主义市场经济体制不仅仅是在城市，也包括农村。随着市场经济体制在农村的不断推进和深入，家庭联产承包责任制影响下的农村生产方式也呈现出诸多不足之处。

（1）农民不是土地的产权主体。根据2013年《中华人民共和国土地管理法》第八条规定，农民不拥有土地的所有权，从而也无法拥有完整的土地经营、入股、抵押和继承等权能，他们只能拥有土地的使用权。所以，农民顶多算作经营主体而不能成为产权主体，这在一定程度上限制了农民投资土地和农业的兴趣，并最终影响到农村生产力提高。

（2）家庭生产不利于农业生产的社会化、规模化和集约化发展。20世纪70年代末推行的家庭联产承包责任制是一大进步，但是这也无法摆脱其家庭生产的局限。家庭生产是一个经济学概念，它是指劳动的组织由亲属关系决定，即生产关系根植于亲属或家庭的社会关系中。在中国农村，家庭的功能是多元和重叠的，它不仅是家庭成员的情感归宿，也是一个生产和生活的共同体，这就使得家庭生产满足家庭成员衣食等基本需求的功能得以加强和巩固。家庭生产凸显了家庭在农业生产中的重要性。在农民心中，他们很自觉地心系各自的家庭，而缺乏公共生活和公共生产的公共精神。中国农村人口多，耕地相对较少，特别在家庭生产的影响下，传统农业生产家庭的成员基本不存在分工，几乎人人都是农业生产的多面手。可见，家庭生产是一种超小规模的土地经营模式，不利于农业生产的社会化、规模化和集约化发展。

（3）农业生产技术现代化缓慢。家庭联产承包责任制不利于先进技术的推广和创新，这是因为先进农业技术的推广成本较高，适合于大规模的、集中的土地生产，带来规模效益，而家庭联产承包责任制本质上还是一种传统农业生产方式。一方面，我国农村生产难以形成规模化大生产和构建农业社会化服务体系；另一方面，家庭联产承包责任制难以形成强大的抵御自然灾害的能力，更为重要的是它已经成为快速推动我国农业生产现代化和农村生产方式转变的主要障碍。

通过以上分析可知，我国农村生产方式决定了我国新型农村现代体育生活方式在构建过程中不能全面效仿西方，而要走出一条适合自己的道路。

二、我国农村体育生活方式应走注重体育精神生活的“低消费、高福利”型现代化道路

（一）“二元社会”背景下农村体育生活方式现代化道路要坚持“低消费”

目前，我国城市社会现代化程度越来越高，城市体育生活方式在很多方面也呈现出“高收入、高消费、高福利”的部分特征，这与城市生产方式的转变有着密切的关联。我国农村体育生活方式也在不断发生变化，它应该走向何方呢？是否可以借鉴我国城市体育生活方式的发展经验呢？我们认为至少在目前还是不能完全借鉴城市体育生活方式的发展经验。虽然我国城乡之间有着千丝万缕的联系，但由于众多历史因素，城市和农村之间不可等同视之。

新中国成立以来，国家不断加快工业化进程。新中国成立初期，根据“以农业为基础，以工业为主导”的方针，城市主要承担实现工业化的具体实施任务，而农村主要承担为国家的工业化输送廉价资源的任务。农村向城市输送廉价资源，确实为国家的工业化做出了重要贡献，但这是以农村损失巨大的社会、经济、教育、文化等方面利益为前提的。改革开放后，政府主导的市场化改革开始推行，特别是农村联产承包责任制的实施，使农村生产力获得了极大的提高，农村的经济逐渐繁荣起来。但市场化的深入改革，又造成城乡之间的经济差距日益扩大。这是因为城市集中了大量的人才资源、生产资源、资本等众多市场发展的必要要素，而农村则相反。市场是追逐利益的地方，它会将大量的资源配置到能产出更多效益的地方。相对于隔绝和分散的农村，各种资源迅速涌向城市，由此造成城乡经济差

距的持续扩大。而城乡经济社会的差距逐渐表现为工业和农业两种文明形态的分化，逐渐形成城乡二元经济结构。

改革开放后，中国人的经济地位、受教育程度、生活方式、价值观念等出现差异和分化，客观上形成了不同阶层。这段时期，不同阶层不停地进行着分化和组合，并拉开距离，逐渐形成现今的中国阶层结构。需要指出的是，中国阶层结构不能采用过去的“阶级”概念加以区分。

人口学意义上的公民、公民资格、公民身份和公民地位应该是统一的，公民都可以享受法律所赋予的权力。但在“二元社会”的背景下，我国将更多的资源投入城市，造成农民阶层在迁徙、升学、择业、文化教育、体育参与等方面常常受到限制①。农民阶层与其他阶层相比，差距较大。虽然现在国家和社会都希望可以缩小差距，但农民阶层想要获得与其他阶层平等的地位，并分得其他阶层的既得利益，其中的阻力巨大。这种状况也造成了城乡体育生活方式的差距。以城乡居民的体育消费为例，刘伟在《体育消费发展的趋势及特点》一文中指出，体育消费在恩格尔系数在40%以下才有可能明显活跃起来。2007年《中华人民共和国2007年国民经济和社会发展统计公报》显示，农村居民家庭恩格尔系数为43.1%，这与40%还存在一定差距；全年农村居民人均纯收入4 140元。2007年，国家体育总局公布的数据显示：城镇居民经常参加体育锻炼的人数明显高于农村，超出24.1%；城镇居民的体育消费水平明显高于农村。在对参加体育锻炼的城乡居民的调查中，74.5%的城镇居民有过体育消费，而农村居民为69.4%。城乡居民各类体育消费情况比较可见表5-3②。

表5-3　城乡居民体育消费一览

消费项目	人数比例		人均体育消费金额/元	
	城镇	乡村	城镇	乡村
购买运动服装等	68.3%	62.2%	436	274

① 余涛，陈文新，胡好．基于社会分层对我国农村体育发展的内在机制审视[J]．北京体育大学学报2008(2)：1045-1047.

② 2007年中国城乡居民参加体育锻炼现状调查公报[EB/OL].http://www.gov.cn/test/2012-04/19/content_2117453.htm.

续表

消费项目	人数比例		人均体育消费金额/元	
	城镇	乡村	城镇	乡村
购买体育器材	34.5%	33.1%	306	137
购买体育书刊	16.0%	10.2%	111	77
到体育场馆健身	16.2%	4.9%	652	382
观看体育比赛	5.7%	4.4%	265	141
其他消费	1.5%	2.7%	305	155

以上数据可以验证刘伟对居民恩格尔系数和体育消费之间关系的论断。既然这一论断具有合理性，那么，是否我们只要快速提高农村居民的收入，降低恩格尔系数就可以了？其实，要实现这样的目标非常困难。恩格尔系数与家庭收入存在这样的关系：一个家庭收入越少，恩格尔系数就越大，随着家庭收入的不断增加，恩格尔系数会逐渐下降。表 5-4 是 2007 年到 2011 年我国城乡居民人均收入和恩格尔系数的比较[①]。虽然这五年间农村居民人均收入不断增加，恩格尔系数也不断降低，但与城镇居民家庭 36% 左右的恩格尔系数相比还相差不少，与西方国家 30% 左右的恩格尔系数更是相差甚远。从农村和城镇居民家庭人均收入差距来看，2007 年人均收入差仅为 9 645.8 元，在随后的 5 年中人均收入差不断扩大，到 2011 年人均收入差达到 14 832.8 元。可见，要缩小城乡居民收入和恩格尔系数差距，并非一年两年可以完成。造成这种状况的根本原因是根深蒂固的“二元社会”的存在。要消除“二元社会”的负面影响，甚至回归到“城乡融合社会”，不仅仅是一个经济问题，更多的是政治、社会、文化和历史等方面的问题。因此，在短时间内快速提高农村居民人均收入和降低恩格尔系数，接近城镇是非常困难的，同时在农村大范围提倡体育生活的“高消费”是不现实的。依据目前农村家庭居民收入情况，全国范围内的农村体育生活应该坚持“低消费”，不宜提倡“高消费”（但在一些富裕起来的乡镇，根据个人收入情况，可以建议适当提高消费层次）。

① 国家统计局，2012 年中国统计年鉴[EB/OL].http://www.stats.gov.cn/tjsj/ndsj/2012/indexch.htm.

表5-4 2007—2011年城乡居民人均收入和家庭恩格尔系数比较

年份	2007	2008	2009	2010	2011
农村居民家庭人均收入/元	4 140	4 761	5 153	5 919	6 977
城镇居民家庭人均收入/元	13 785.8	15 780.8	17 174.7	19 109.4	21 809.8
农村居民家庭恩格尔系数	43.1%	43.7%	41.0%	41.1%	40.4%
城镇居民家庭恩格尔系数	36.3%	37.9%	36.5%	35.7%	36.3%

（二）建设新农村，打造农村注重体育精神生活的“高福利”

1.重构农民生活方式，增加农民福利

改革开放以来，我国社会、经济、文化、教育、体育等各个领域都获得了骄人的成绩，中国现代化速度不断加快，综合国力不断提高。2010年，中国GDP超越日本，成为世界第二大经济体。2013年，中国人均GDP突破7 000美元，中国进入中等收入国家行列。然而中国经济高速度发展的背后，依然存在城乡差距日益扩大的问题没有解决。国家统计局2012年1月公布的数据显示，2011年末，中国大陆总人口（不包括港澳台以及海外华侨人数）为134 735万人，其中城镇人口69 079万人，即我国城镇人口占总人口的比重为51.27%。不过该数据是按居住地来统计的，那些进城打工和经商的农民也算在城镇人口中。

农民作为一个整体，其生活状态难以与城里人相提并论。处于这样的生活状态中，农民的生活困境不只是或不主要是因为收入增长缓慢，还有支出增长太快。造成农民支出增长太快的原因有三个：其一，预防生产生活风险支出不断增多。诸如村子里农田水利设施的维修、道路的修建以及防病治病的经费投入等基本上来自农民；若遇上天灾，农业可能面临减产甚至颗粒无收，这种损失基本也只能由农民自己来承担。其二，消费主义的渗入，促使农民的消费支出增加。随着市场经济的深入发展，消费主义不断影响着城市居民的生活消费，这与城市居民的收入较高和文化物质需求较高相适应。同时，消费主义也不断渗入我国广大农村，刺激着农民的“消费神经”。面对这种状况农民们该怎么做呢？很多人选择进城务工努力挣钱，以维持逐渐增高的消费支出。与此同时又产生了另一个负面影响，

即由于他们大量进城，造成劳动力供应过剩，使得他们的工资增长缓慢，难以实现他们进城务工的工资预期。其三，“被迫”消费支出不断增加。虽然农民增收不多，但他们在教育、医疗、网络、交通、购买生产资料等方面的支出却基本上市场化了。

可见，我国的现代化进程带来了较大的城乡差距，要缩小这种差距，就必须站在农民主体的角度考察他们在现代化进程中的获益情况。在无法立刻消除“二元社会”负面影响，无法让农民快速地真正意义上进入城市，同时也无法快速增加农民收入和有效减少农民消费支出的情况下，应如何让农村居民过上宽裕的生活呢？2006年，党中央和国务院提出建设社会主义新农村战略举措，加快农村现代化进程，缩小城乡差距和实现城乡一体化。《中共中央国务院关于推进社会主义新农村建设的若干意见》指出，协调推进农村经济建设、政治建设、文化建设、社会建设和党的建设。五大建设并举，充分说明我国各级政府已经认识到农村人口多、收入低、文化生活少、基础设施条件差的事实，只有搞活农村经济，丰富农村文化生活，建设好自己的美丽家园，让农民过上舒心、愉快、幸福的生活，才能让农民真正享受到国家经济和社会快速发展的成果，才能有效地扩大内需和促进国民经济持续发展，加速推进我国现代化进程。

通过对《中共中央国务院关于推进社会主义新农村建设的若干意见》的解读，我们认为新农村建设实质上就是想方设法给农民增加福利。然而增加农民的福利，需要面对三个现状：一是近年来，随着农业技术科学化，农民的农业生产强度明显下降，各类农产品的生产效率和产量大为提高，但由于农业利润不高，农民的人均收入保持一个较低幅度的增长；二是农民的温饱问题早已解决，并且休闲时间越来越多，对各种文化的需求越来越高；三是因外出务工、现代媒体的传播等因素，农民受到消费主义、理性主义思想的影响，促使农村各种传统社会组织被逐渐瓦解，传统文化逐渐被现代文化所替代。而传统文化在农村的消亡，又造成了农村传统社会和文化方面福利的逐渐消失。因此，正确判断农村、农民的现状，合理融合和利用传统文化和现代文化的优势，组建新型农村现代社会组织，推出新型农村现代文化，构建农村新型生活方式，增加农民福利，成为新农村建设的核心任务[①]。

2.解读农村体育生活“高福利”

体育作为文化形式之一，是否可以增加农民的福利呢？在回答这个问题之前，我们需要解释一下何谓“福利”。英国学者布赖森在其《福利与国家》一书中认为，福利的基本含义是指生活的良好状态。布赖森对福利的定义更多来自当代经济学的观点。但根据《中共中央国务院关于推进社会主义新农村建设的若干意见》中新农村建设的内容，新农村建设向农村提供的福利应该是“社会福利”的概念。孙炳耀等认为，社会福利是通过社会互助的手段来改善人们的生活状况，提升生活质量（其中包括营养、健康、衣着、住房、教育、文化、娱乐以及应付老年、残疾、疾病、生育、工伤、失业和贫困等方面）的收入性、实物性和服务性待遇[②]。既然是社会互助，那么，提供福利主体在社会。因此，社会福利的提供可以是个人，也可以是社会团体、企业，当然也包括国家政府机关和事业单位等。从提供福利的形式来看，可以是自愿形式，也可以是强制制度形式。体育作为人们生活的一部分，作为社会福利内容是理所应当的，如全民健身路径和农民体育健身工程都是社会福利的重要体现之一。

那么在新农村建设背景下，如何增加农村体育福利呢？目前，国际上对社会福利的区分采取两个指标：其一，福利支出占GDP的比重；其二，制度特性标准。由于我国的政治、经济体制以及“二元社会”国情，以这两项指标为评判标准来谈如何快速增加我国农村体育福利十分困难，不过，孙炳耀等根据我国社会福利模式提出了新的划分标准，即从社会福利的本质中去寻找。他们建立了这样一条数轴，数轴的极左端点是个人，极右端点是集体范围最大的国家[③]。

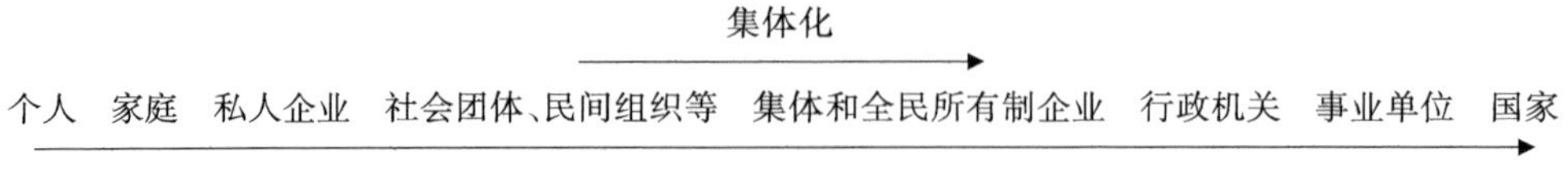

图5-15 社会福利集体化数轴

① 贺雪峰.关于新农村建设的四个问题[J].天涯,2006(5):12-16.

② 孙炳耀,常宗虎.中国社会福利概论[M].北京:中国社会出版社,2002:14.

③ 孙炳耀,常宗虎.中国社会福利概论[M].北京:中国社会出版社,2002:36.

个人需要通过市场获取收入，购买各种生活资料以维持生活，如购买商品、购买保险等；家庭是社会生活的基本单位，家庭生活中家庭成员相互支持、相互帮助，但家庭成员之间的关系并不是集体化的人际关系，家庭并不具有真正意义上的集体内涵；私人企业主向员工提供的职业福利本质上是员工劳动所得的另一种形式。因此，个人、家庭和私人企业对应的福利制度安排或组织形式强调个人责任或市场作用。各类社会团体、民间组织等通过公益性、互助性提供社会福利，体现了集体的内涵，虽规模较少，但体现了社会的作用，是初级的集体性安排。集体和全民所有制企业虽然也是企业，但在向员工提供福利方面却与私人企业不一样，因为它们体现了国家和集体对员工福利的安排。行政机关、事业单位向员工提供的社会福利，诸如住房公积金、养老保险、生育保险、医疗保险、子女医疗统筹等都是国家制度安排，不过能够享受这些福利的人并不多。在数轴的最右端是国家，它提供的社会福利基本上面向全体国民或大多数国民，诸如国家的武装部队、警察系统、行政单位、公办学校、公办医院、道路、电视和广播信号等公共产品或准公共产品。集体所有制企业、全民所有制企业、行政机关、事业单位乃至国家都体现了国家责任。可见，孙炳耀等从集体化程度将社会福利类型划分为强调个人责任或市场作用类型、强调社会作用类型和强调国家责任类型。在这三种类型中，第一种类型集体化最弱，提供的社会福利有限；第二种类型提供的社会福利比第一种多；第三种类型因强调国家责任，其提供的社会福利最多。

从目前来看，我国农村社会福利的提供者集体化程度并不高，主要局限在村民个人、家庭、村委会、宗族组织和其他乡村组织等。相对于城市，由于提供主体集体化程度不高，所以农民不敢“奢求”更多的社会福利。只有在农民个人及家庭不能保证生活时，政府和社会组织才会出面提供生活保障，如遇到各类大的自然灾害时，政府和社会将给予受灾农民大量的财物救助①。因此，农民的体育生活在获得社会福利方面基本上处于“数轴”的左端，解决体育生活需求大部分依靠个人、家庭和村民自发筹集物质和资金。2006年，国家在农村开始实施农民体育健身工程。国家体育总

① 孙炳耀，常宗虎．中国社会福利概论[M]．北京：中国社会出版社，2002：36.

局出台的《关于实施农民体育健身工程的意见》中说："农村体育进入了蓬勃发展的新阶段。但是，农村体育仍然是我国体育事业的薄弱环节，……农村公共体育场地设施建设严重滞后，城乡差距越来越大。"因此，为了缩小城乡体育场地设施方面的差距，2006年国家开始实施农民体育健身工程。自新中国成立以来，农民体育健身工程可以算作国家首次大规模对农村体育设施进行投入和建设，属于社会福利的一部分。但与国家对城市体育资源的大量投入（如体育场馆建设、全民健身路径建设、体育广场和体育公园建设、社会体育指导员培养、体育组织和协会建设等）相比，国家对农村体育资源的投入仍然较少。因而，从体育生活福利支出、制度特性标准以及福利数轴来看，国家和社会对农村居民体育生活福利的投入并没有完全纳入国家的社会福利体系中。因此，目前我国农民体育生活享受的福利较低。

新农村建设就是想方设法给农民增加福利，那么如何通过体育增加农民的福利呢？或者说，如何在低物质投入的情况下将农民体育生活的"低福利"状况转变为"高福利"状况呢？有学者认为，体育价值与体育观念、体育规范、体育技术与体育教育、体育物质设施四个层次构成了体育文化。这四个层次相互联系、相互影响，并且在体育文化中发挥的作用和地位有高低之分，所形成的关系可以用同心圆来体现：同心圆的中心是核心位置，代表体育价值与观念；其次是体育文化的各种规范；再次是体育的各种技术与教育；最外层是体育的物质设施①。因此，也可以说体育文化是由体育物质文化和体育精神文化组成的。体育的物质文化和精神文化映射到人们的体育生活中，就可以将体育生活分为体育物质生活和体育精神生活两部分。在"二元社会"背景下，我们国家和社会难能有效地、全面地、多层次地对农村体育事业的发展进行物质和资金方面的投入，因此，我们提出借助新农村建设的良好契机，通过丰富体育精神生活来推动农村体育福利的不断提高。

随着农业科技的进步，农业生产效率越来越高，劳动强度已经大大下降，中国大部分农村急需解决的问题已经不是温饱问题，而是在休闲时间

① 陈莉.体育课程文化的结构与特征论析[J].北京体育大学学报,2011(5):97-100.

不断增多的情况下，如何提高生活质量和满足农民日益丰富的文化需求问题，即构建新型生活方式的问题。近几年来，这个问题已经引起政府和社会的关注。贺雪峰认为，市场经济本身并不能自动建立起农民本体价值观或只能建立让农民处于更加边缘地位的本体价值观，甚至将农民已有的价值观置于边缘，从而对农民的福利构成文化方面的掠夺[①]。因此，农村问题不仅涉及农村经济问题，也涉及农村精神文化问题；不仅是生产方式的问题，也是生活方式的问题。在这样的农村环境中，重建符合农民文化需求的新型文化、生活方式和本体价值观，让他们获得更多的社会福利和增加他们的幸福感，是解决农村问题的重要手段之一。虽然短时间里农民事实上不可能快速地转移进入城市，农民收入不可能迅速得到提高，国家也难以大幅度向农村增加投入，但是我们可以在农民的精神生活生活方面下一番功夫——站在农民主体立场，重建农民的生活方式，通过社会建设和文化建设增加农民福利，建设一种注重精神生活的“低消费、高福利”型的生活方式[②]。

生活方式采取“低消费”是因为由于社会、历史、经济等方面的原因，农民收入的快速提高难以近期实现，选择“低消费”既是客观的选择，也是无奈之举。依据我国农村现状，通过增收增加福利的效益不会很高，而站在农民主体立场，从文化方面和社会方面为农民增加福利的效益则会非常高。这里以体育为例。在汪满田村，村民的温饱问题已经解决了，他们不断寻找适合自己和自己喜爱的精神生活，每年到了元宵节期间，全村人都会在鱼灯会的组织下参加嬉鱼灯活动，并享受这道元宵节的“文化大餐”。贺雪峰等在湖北荆门地区的农村进行调研后发现，当地农民的文化需求很高，但业余生活缺少组织和规划。为此，在他们的协助下，当地建立了三个农村老年人协会和文化活动中心。通过长期的规划和推动，农村老年人协会和当地文化活动中心运转了起来。农村老年人协会是农村老年人情感交流和精神文化生活的平台，开展的活动内容包括：相互协助，共同帮助困难老年人，为过世老人举办追悼会；定期开展各类娱乐和体育文化

① 贺雪峰.文化建设再造农民福利[J].瞭望新闻周刊,2006(3):63.

② 贺雪峰.新农村建设与中国道路[J].读书:2006(8):92-99.

活动，如健美操、唱歌、秧歌、腰鼓、棋牌、戏曲、小品等；编写《村志》《村史》等。农村老年人协会不仅将农村老年人组织起来，而且丰富了他们的精神文化生活，使他们晚年生活不再孤独和寂寞，真正做到花钱不多，却建立起自己的精神家园。农村文化活动中心的性质与老年人协会的性质雷同，也是为了让农民在辛苦劳作之后能有一个属于自己的、适合自己的、满足自己文化需求的情感交流平台。贺雪峰等认为，农村老年人协会和文化活动中心建立后，这些村落的大众活动进入到农民之中，参加这些协会和中心的村民们开始关注自己的生活品位和乐趣，明白生活的真正内涵，改善和巩固自己的本体价值观①。可见，村落层次的文化娱乐生活（包括村落体育生活），不仅让荒废多年的村落集体活动再次兴起，让松散的人际关系再次凝聚，让消亡或边缘多年的村落共同体意识再次形成，而且充分发挥了文化娱乐生活的文化功能，满足了村民的精神需求，促进了村落文化的繁荣。

贺雪峰在《乡村建设重在文化建设》一文中提及“文化建设，效益最高”，以上两个案例都可以验证它。究其原因，一是村庄层面的文化活动大多数是由村民自发组织形成的，组织人员、活动经费、场地、组织制度等各方面基本上由村里自行解决，从这一点来说，国家在开展农村文化建设方面少了很多经费、管理、人员等成本投入（当然国家若能增加这方面的投入，农村的文化建设将会更好）；二是村庄层面的文化活动大多数是贴近村民生活的，都是村民们喜闻乐见的文化活动（传统文化活动占多数）。因此，村落体育活动作为村落文化活动的一部分，要充分发动村民的主体性，通过改善人与人、人与自然环境、人与自己内心世界的关系，开展喜闻乐见的村落体育生活，提高村民的精神生活质量，避免过多物质和财力的投入，走一条注重体育精神生活的“低消费、高福利”型体育生活方式现代化道路，吸引更多的村民的参与，有效地提供社会福利，为新农村建设贡献力量。

① 贺雪峰. 乡村建设重在文化建设[J]. 小城镇建设，2005(10)：10-11.

第四节　农村体育生活方式的利益表达

由于国情和文化等多种内外因素的影响，当前我国农村体育生活方式适合走一条注重体育精神生活的“低消费、高福利”型现代化的道路，但是走在这样的一条道路上，农村体育生活方式的发展也可能会面临很多决策分歧。当决策分歧真的出现时，谁应该拥有利益表达的最终话语权呢？政府还是农民？不同的答案将会产生不同效果——推动或延缓农村体育生活方式的现代化进程。

一、主位与客位

主位研究和客位研究是人类学研究中从不同文化价值观视角研究和分析文化现象的方法。主位研究是指研究者尽可能融入当地人（被研究对象）的生活和工作中，尽量按照当地人的思维逻辑和文化价值观去思考和行动，以获取当地人文化价值观视角下的文化现象解读。这种研究方法需要研究者对当地文化的概念、规律、历史、发展变迁、结构、功能、体系以及分类等信息有着深厚的认识，需要将当地文化信息传递人放在更重要的位置上，并把当地文化信息传递人的描述和分析作为最终的评判标准。这种研究方法的优点是能够较为全面展现文化现象的各个环节，避免由于客体的文化价值观的不同造成理解偏差，但是这样的认识方式也会导致将当地人文化中原本错误或愚昧的思想和行为视为正确的。客体研究是指以外来者或科学家的文化价值观为标准，来解释和评判当地人的文化现象或行为方式，并采用比较的和历史的方法分析和诠释民族志提供的信息。这种研究方法需要研究者具有较强的人类学、民族学等学科的理论知识，并能熟练地将以上理论知识与当地实际相联系进行分析和运用。客体研究的优势是研究者可以通过外来文化价值观来认识、分析和归纳当地文化的本质、特点、规律、历史变迁等；缺点是难以详细展现当地文化现象的各个环节，并且研究者会因不同文化价值观而产生可能错误的认识①。虽然主位研究与客位研究所研究的对象和问题是一致的，但由于研究者和决策者在文化价值观立场上的差异，可能得到的研究结论也会有差异。而分别运用两种存在差异的研究结论来指导解决问题，得到的结果也可能会有差异。毋庸置疑，农民是农村体育生活方式的主人，他们应该拥有主导其体育生活方式的“话语权”，可问题并不是这么简单，因为这是一种对其“私人”自然属性的单纯认识。其实，体育生活方式是社会生活体系的一部分，任何主体的体育生活方式绝不可能隔绝于其他社会环境而单独存在，这使得任何主体的体育生活方式都具有既“私人”又社会的双重属性。因而，农村体育生活方式也拥有这种双重属性，实际上它已成为农民与外来客体在“互动”和博弈中形成的系统。

二、主客位关系绝对性和相对性统一

农村体育生活方式系统具有“私人”和社会双重属性，它是农民主体与外来客体在“互动”和博弈中形成的系统。在农村体育生活方式系统中，体育生活主体是体育生活方式系统形成和发展的“内因”，起到决定性“制导”作用，决定体育生活方式内容的取舍、发展方向、变迁进程，因此农民处于主位，他们对农村体育生活方式的发展和引导拥有决定权。而与农村体育生活方式发生联系并对其发挥作用的各种影响对象处于客位，无论是政府、企业、社会团体乃至个人，也不管具有何等权威和能力，均属于对农村体育生活方式系统发展起到推动或抑制作用的“外因”。所以，在农村体育生活方式系统中，主体处于主位、客体处于客位的关系具有绝对性。不过人们在体育生活方式中的主位和客位关系也是相对的、可转换的。任何一个社会群体在充当自己体育生活方式主体的同时，也在他种体育生活方式中充当客体，有双重身份和地位。主客体因各自体育生活方式差异的存在，在接触时必然导致两种不同体育生活方式之间发生相互交错、相互作用和相互传播的现象。这种现象是一种文化适应现象，也是一种文化传

① 黄平，罗红光，许宝强.当代西方社会学人类学新词典[M].长春：吉林人民出版社，2003.

播和文化变迁现象，有利于某种文化抛弃一些旧的、落后的文化特质，吸收新的、先进的文化特质，并逐步综合产生新的文化模式。因此，体育生活方式主客位关系是绝对性和相对性统一。虽然目前主位（农民）和客位（外来客体）常常处于“互动”和博弈中，这对于推动我国农村体育生活方式现代化进程是有利的，但现实中，客位因所持文化的“先进”“现代”等方面的优势，常常改变和颠倒主位和客位应有的关系，破坏了主客位关系绝对性和相对性统一，给农村体育生活方式现代化带来了很多负面影响。

在中国数千年的历史中，虽然城市一直是政治、经济、文化的中心，但农村并没有形成对城市的严重依赖。经济方面，农村因其自给自足的自然经济具有较强的独立性；政治方面，农村从属于城市，但农村社会的复杂性阻止了城市对农村社会的直接统治，特别是其所具有的宗族、村落、地方性规范和制度可以有效管理农村社会。

我国农村社会现代化过程中，主位和客位所出现的位置紊乱现象在农村体育生活方式方面也是存在的。有些城市客体总是以“过来人”的口吻谈及或指导农村体育，诸如基于现代体育的视角看待农村体育，认为个体的经济状态决定了体育生活方式的选择与实践，得出的结论是农民因不佳的经济收入，谈不上有什么体育生活方式；有些学者和专家基于保护农村传统体育生活方式的考虑，非常担心农村传统体育生活方式受到旅游业和市场经济侵蚀，希望农村能够长久地、原汁原味地传承下来。可见，在我国农村体育生活方式系统中，主体原本应居在主位上，客体应居在客位上，前者是系统发展的内因、起决定作用，后者是系统发展的外因，起推动或延缓作用，但现实中有时客体过于强大，主体实力式微难能与客体抗衡，从而导致出现位置紊乱现象，我们可以用一句话来形容这一现象——“主位客位化、客位主位化”。

“主位客位化、客位主位化”对于农村体育生活方式系统的推动是不利的。虽然农民体育健身工程进入农村，篮球、乒乓球等现代体育项目在农村经常开展，有关农村体育的相关法律、制度不断推出，但这些农村体育生活所出现的现代性并不能代表农村体育生活方式已经寻找到适合自己的现代化道路，最多只能说这是一种表面现象，或者说更多的是城市主观意志强加给农村的。为什么这样说呢？首先，城市没有真正认识到农村社会的生存经济还普遍存在。目前城市体育生活方式的现代化程度已经达到一个非常高的水准，这与城市居民的经济收入高、体育基础设施建设好、体育社会组织多、体育文化需求强以及政府的“城市体育建设优先发展”思想等密切相关。虽然我国农村的生产力已经有了巨大的发展，农村社会的现代性特征越来越显著，但农村处于生存经济的状态并没有改变。斯科特在其《农民的道义经济学：东南亚的反叛与共存》一书中提及，根据对东南亚地区农村的分析，农民社会几乎是无法自足的。他认为，农业生产依赖于土地，而土地的面积和产出都是有限的，在农业社会中，不存在物质极大丰富的社会；而且农民社会也是高风险社会，农民对抗自然灾害的能力很弱。斯科特对于生存经济的阐述，在中国也得到验证，如农民因自然灾害或生病返贫就是典型案例[①]。也有人认为，市场经济的渗入以及农民职业的不断分化可以抵御生存经济的威胁，不过需要提醒的是，从事农业生产的农民还是占据农民群体的主流，农村摆脱生存经济现状近期内难以实现。因此，对于城市来说，不能不尊重农民主体处于主位的地位，甚至不顾农民整体处于生存经济的状况，而一味要求农民要过上达到或接近城市的体育生活水平，一味要求农村刻意按照发展城市体育的经验、手段和办法来实现农村体育生活方式的现代化，这些都是不现实的。其次，主体体育利益表达渠道不畅。这是农民体育利益表达能力的问题。斯科特认为，在生存经济中，农民为了保证自己的生存，会形成最有效的生存战略以规避生存中的风险。也就是说，农村社区有责任维持所有社区成员的最低生存要求。

当前应疏通和转变目前农民体育利益表达的渠道，即农村体育生活方式的主体和客体必须要回到自己位置——主位和客位。要实现这个目标，需要做好两方面的工作。其一，通过制度创新来保障农民的体育权益。这里要注意三个原则：一是文化尊重原则。要充分考虑农村的体育实际情况和农民的体育需求，尊重农村的传统体育活动和价值取向，在农村体育生活方式现代化的进程中尽可能地包含和体现农村传统体育活动和价值取向，

① 王晓毅.转型时期的农村社会冲突[M].广州:广东教育出版社,2009:17.

并充分发挥农民在体育生活中的主体作用。不能因为客体在体育生活方式中的优势而歧视农村体育生活方式，甚至强迫农村全面接受发展城市体育生活方式的做法，或刻意要求农村体育生活方式保持其传统性而杜绝现代性的“改良”。二是活动参与原则。客体在制定政策以及在农村开展各类体育活动时，要广泛吸收农民参与决策，并充分听取和采纳农民合理的特殊要求，构建适应当前农村现状和满足农民体育需求的农村体育生活方式，使农民从体育生活中真正获得福利。三是分类指导原则。中国幅员辽阔，各地农村经济、地理、文化等情况差异较大，农民的体育需求和经常参与的体育活动形式不尽相同，因此，国家在制定相关制度时应实现分类指导，克服“一刀切”做法。其二，努力提高农民在体育生活中的自强自立素质和能力。在农村体育生活方式现代化过程中，主客位正常化，实质上是主体和客体在决策农村体育发展时的能力和力量相对均衡，也是处于相对弱势地位的主体的自我发展意识和能力不断提高的外在表现[①]。

第五节　需要处理的三个关系

一、现代化与西方化

前文已经论述过，由于生产方式的现状我国农村体育生活方式现代化难以“西方化”，但这并不意味着我国农村体育生活方式完全不可以向西方国家学习。在这一点上它与中国的现代化之路如出一辙。一百多年间，中国的现代化徘徊于如何处理好中西方关系的困惑中。19世纪末，洋务运动的“体用之辩”充分体现了当时的政府对西方文明的偏见，虽对其器物文明羡慕不已，但对其政治体制不以为然，坚持封建主义制度，并提出“中学为体，西学为用”的观点，造成了洋务运动最终的失败。1954年，第一届全国人民代表大会确立了国家要实现工业、农业、交通运输业和国防的

① 宋涛.传统裂变与现代超越[M].北京:民族出版社,2006:129.

四个现代化。然而，由于一些原因当时中国在现代化道路上可以学习的对象仅仅限制在几个社会主义国家。直到20世纪70年代末，国家确立了在20世纪内实现四个现代化的目标，并把它确立为中国新时期的总任务，这种情况才开始得到改善。邓小平“不管白猫黑猫，会捉老鼠就是好猫”的论述以及“发展才是硬道理”“实事求是，解放思想”等观点，成为中国将工作重心转移到经济建设上来的一个理论标志，国人对中西方的关系以及社会主义和资本主义的关系的认识发生了根本性改变。

在一百多年的现代化发展历程中，中国人不断思考着现代化和西方化的关系。其实解读这个问题可以参考马克思的跨越“卡夫丁峡谷”的思想。马克思认为，发达资本主义发展过程中的一切优秀成果应该被后发国家借鉴和利用，这样可以使后发国家在推进现代化进程中避免遇到发达资本主义国家发展过程中曾经出现的“危机和灾难”，或减少“危机和灾难”所带来的负面影响。虽然资本主义制度不是任何国家现代化都要经历的历史阶段，但资本主义所创造的现代性成果则是落后国家现代化所不能缺少的[①]。可见，马克思跨越“卡夫丁峡谷”的思想，可以作为我国在推进农村体育生活方式现代化过程中如何处理现代化与西方化的重要理论依据。我们认为，在此过程中要树立三种观念：其一，在农村社会不断追求现代化的背景下，西方国家在体育生活方式中的好的做法和经验值得我们去学习。其二，经过多年的发展，我国城市和农村的社会现代化程度越来越高，并且与西方国家的差距不断缩小，一定程度上这与我们向西方国家学习和借鉴有关。不过在学习和借鉴过程中，我们必须清楚认识到，我国和西方国家在政治体制上的差异。社会主义价值观是追求共同富裕，实现每个人的全面、自由发展。因此，构建新型农村现代体育生活方式，要坚持社会主义核心价值观，减少城乡体育差距，统筹发展，实现社会公平。其三，体育生活方式现代化模式并不是一种定型之物，而是一种总是处于不断变化和运动的、正在出现的现象。以色列社会学家，新功能主义和现代化理论的重要代表人物之一S.N.艾森斯塔特在“多元现代性理论”中提出，在追求现代化过程中，各国现代化所体现的现代性既有相同的特性，也存在差异

① 李洪波.现代性与中国的现代化[D].济南：山东大学，2008：47.

性，造成各国现代化的模式的多元性。因而，不存在一种普遍适用的现代化模式，不同国家的现代化模式及其现代性都有自己的个性。现代性的个性，主要是现代化与一个国家的国情、传统文化相互博弈、渗透的结果[①]。虽然体育生活方式现代化起源于西方，但西方国家的体育生活方式仅仅是众多体育生活方式现代化模式中的一种，绝不能作为不同发展中国家、民族、阶层体育生活方式现代化的通用复制模式，而仅能作为众多模式中可以学习和借鉴的一种。

二、现代性和传统性

郭齐勇认为，不同国家、地区、民族、阶层的现代化进程几乎都是对西欧近代文化的普遍价值既吸收又排拒的双向对流（传统性与现代性之间的相互影响）的过程，在推就之间，走上了民族文化启蒙或现代化的特殊道路[②]。在我国农村，传统体育生活方式之所以可以传承至今，说明其可以部分满足农民的生产和生活需求。但是，在西方现代体育生活方式的影响下，现代性不断融入农村体育生活方式中，并与传统体育生活方式的传统性不断发生双向对流，逐渐形成新型农村现代体育生活方式。不过现代性的融入，并不意味着农村体育生活方式现代化在避讳传统性。应该说，把传统性利用好了，它可以成为农村体育生活方式现代化的重要内容和闪光点，也可以成为推动农村体育生活方式现代化的正能量；而且因为传统因素的存在，我国农村体育生活方式现代性的个性和特色可以更加突出、更加多元化，使得不同地区农村体育生活方式现代化模式呈现出多姿多彩，保证了其文化的多样性。相反，疏远或隔绝与传统体育生活方式的关联，会使农村体育生活方式现代化脱离自己的传统文化根基，并可能面临巨大的阻力。

不过，当今我国农村若一味强调保护其体育生活方式的传统性，那么对其推动现代化也是十分不利的。目前我国农村社会现代化正开展得如火

① 李洪波.现代性与中国的现代化[D].济南：山东大学，2008：49.

② 郭齐勇.试论文化保守主义思潮[J].学习与探索，1990(1)：4-14.

如荼，农村体育生活方式现代化是农村社会现代化的一个缩影，其现代性的体现反映了我国农村社会现代化的发展程度。诸如我国农村需要借助整个国家的工业化来实现农村体育生活用品的工业化，需要借助整个社会的民主化来维护农民阶层的体育参与权益，需要借助整个社会维护社会公平的力量来实现城乡体育的统筹发展，需要借助整个社会的教育普及化来推动农村体育生活的知识化和科学化，需要借助整个社会的传媒化和信息化来实现农村体育生活的传媒化和信息化，等等。可见，我国农村体育生活方式追求现代化，虽不能放弃传统，但也不能固守传统；虽学习西方现代性，但不要毫无原则地崇拜西方现代性。正如韩国人金璟东所说："各个现代化的社会，由于必须经历适应性变化和本土化的复杂过程，会打造出与西方现代性的原初产品相同或不同的自己的现代性品牌。因此，在非西方世界，这种现代性的实质是一种旧有的传统、外在的新事物和正在出现的另一种文化成分的混合形式。"①

三、系统和元素

体育生活方式是一个综合的系统，体育生活方式系统是由体育生活条件、体育生活主体、体育价值观和体育生活形式四个要素（每个要素还包含若干小的要素）构成的。由于在体育生活方式系统中，系统与元素之间以及元素与元素之间存在着大量错综复杂的关系，如何控制和协调这些错综复杂的关系对体育生活方式的发展至关重要。因此，在推动农村体育生活方式现代化进程中，需要明确和正确处理好农村体育生活方式系统与元素之间以及元素与元素之间的关系。其一，系统与元素之间是一种相互依存关系。一方面，系统是由元素构成的，离开元素的系统是不存在的；另一方面，元素离不开系统，离开了系统的元素也就失去了其原来的意义。因而，体育生活方式系统不可能脱离体育生活条件、体育生活主体、体育价值观和体育生活形式四个要素而单独存在，同样，这四个要素也不可能

① 金璟东．现代化和现代性：韩国现代化的另一种观点[J]．张德明，译．姜芃，校．世界历史，2005(5)：96.

脱离体育生活方式系统而独自发展。其二，系统的整体功能不是元素功能的简单相加。各个元素都是在系统运动机制的作用下，相互联系、相互影响，通过合力形成了系统的整体功能。因此，各个元素之间的相互关系将直接影响系统整体功能的输出质量和效率。优化系统内部元素关系与结构，可以使系统的整体功能远远大于各元素的功能之和；相反，系统内各元素之间关系不和谐，甚至发生矛盾，系统的整体功能会大大下降。其三，体育生活方式系统与元素之间相互作用。一方面，系统对元素起支配、决定作用，协调各元素向统一的方向发展；另一方面，各个元素有其相对独立性，反作用于系统，元素的变化会影响系统的整体变化。目前，我国农村体育生活方式现代化发展的速度和规模不如城市，从系统与元素角度来看，主要是因为没有厘清农村体育生活方式系统与各元素之间以及元素与元素之间的关系，产生了很多不协调、不和谐的情况。诸如不佳的农村体育生活条件难以满足持续增长的农民体育需求，这已经成为限制农村体育生活方式发展的最大障碍；一些地方政府虽然制定了相应的发展农村体育方面的制度和文件，但因财政、物力和人力的匮乏，制度和文件中所拟定的发展任务常常无法落实；等等。上述农村体育生活方式发展中出现的诸多现象，要么过于重视某一元素或某几个元素，要么没有从系统的高度合理地、和谐地、协同地将各个要素的特点和功能有效地结合起来，从而限制了农村体育生活方式系统的整体功能输出。

第六章　新农村建设背景下新型农村现代体育生活方式构建

第一节　构建我国新型农村现代体育生活方式面临的挑战

一、税费改革后农村体育公共服务供给困难

我国全面撤销人民公社后，成立了乡镇政府以加强对农村社会的行政管理。随之中央也赋予了乡镇政府财政权。乡镇财政资金包括三个方面：其一，预算内资金，主要用于农业生产、基础设施建设以及支持行政事业部门工作人员的工资等。其二，预算外资金，主要用于维持政府部门的日常运转。其三，自筹资金，主要用于农村公共建设、公共服务、教育支出及农村集体福利等。农村税费改革前，乡镇财政收入主要是工商税、农业税和乡统筹费等。农村税费改革后，农业税费被取消，农民的负担确实减轻很多，但使得乡村两级在施政过程中面临着许多困境，诸如乡村两级的财力被削弱，乡镇财政的运行和管理出现了困难，限制了其对农村公共服务的供给。另外，乡镇体制改革后，在乡镇一级，因乡镇所管辖的村越来越多，原本人手不够的乡镇政府对于文化、体育等公共服务更是无暇顾及。为了解决农村公共服务供给问题，2003年后，湖北省采取“以钱养事”的改革，通过上级政府的财政转移支付，将部分或全部农村公共服务推向市

场，撤销“七站八所”；原“七站八所”的工作人员退出财政编制和供给，转为社会人员，原“七站八所”转变为相应的具有独立企业法人资格的服务中心。虽然“以钱养事”的改革调动了服务人员的工作积极性，但是也出现了一些负面影响。诸如因服务人员还是过去原“七站八所”的工作人员，所以服务中心的服务能力较差；因改制的原因，高校毕业生不愿意到服务中心工作，或导致人才流失等，这些都造成了农村体育公共服务供给的困难。事实上乡镇体制改革中撤乡并镇、合村并组、取消村民组长等一系列措施是国家政权逐渐从农村社会退出来的一种表现。从某种意义上来说，乡村干部也是公共品。目前行政村越来越大，每个村子的村干部不过二三人，不可能事事都依靠服务中心来解决，因此，如何管理和指导村里的公共服务以及体育工作成为村干部们的烦心事，特别是在缺少经费支持的情况下，村中体育工作常常成为可有可无的小事务。

二、对农村体育生活方式现代化的认识有待提高

我国《体育法》确立了公民享有体育运动的权利，同时群众体育作为一项公益事业，政府和社会有责任、有义务为城乡居民参加群众体育活动创造必要的条件，支持、扶助群众性体育活动的开展。农村体育工作是发展群众体育事业的重要组成部分，因此，推动农村体育生活方式现代化是展现政府和社会关心农村体育生活和尊重农民体育权利的重要内容和有效方式。诚然，新中国成立以来，政府十分重视农村体育事业建设，使得农村体育事业发展相对于新中国成立前有了天翻地覆的改变，但是改革开放后，国家的工业化和现代化强烈诉求使得各级政府将更多的资源投入城市建设中。相对于城市的高速发展，农村建设和发展可以说相形见绌，这其中就包括农村体育设施和农村体育文化的建设。新农村建设以来，国家开始将目光逐渐转移到农村，首次系统地将农村的经济建设、政治建设、文化建设、社会建设和党的建设提上了议事议程。新农村建设是一项推动农村社会现代化的系统工程，而农村体育作为农村文化建设的重要内容之一，其现代化程度成为衡量新农村建设的一项重要指标。2006年以来，随着农

民体育健身工程快速推进，国家开始对农村体育的建设进行了大规模的投入（农民体育健身工程的建设经费并不都是来自政府财政，很多来自体育彩票公益金和社会资金）。虽然农村公共体育场地设施只有一个混凝土标准篮球场和两张室外乒乓球台，但是相对于过去已经是很大的进步了。

当前，部分学者对于发展农村体育总是存在不同的声音，诸如推动农村体育的发展是要花钱的，加上农民收入不高，体育意识不强，若将大量资金投入农村体育中，可能达不到效果，不如等到农村真正富裕起来了，农民体育意识提高了，国家再推动农村体育也不迟；还有一些学者认为应该原生态保留农村的传统体育生活方式，不应受到现代体育生活方式的干扰，等等。应该说，以上观点充分体现了他们对体育生活方式现代化认识的不足。前文中我们阐述了理性是现代性的核心理念，理性也是体育生活方式现代性的核心理念。只要我国农村体育生活方式存在理性的一面，就说明它也存在现代化的问题。现代化不仅是一个发展水平的标准，还是一个过程，即现代化是一个相对的、动态的概念，这就决定了体育生活方式现代化存在不同的发展阶段，每个发展阶段的体育生活方式的现代性都有自己的共性和标准。从体育生活方式第一现代性和第二现代性评价指标来看，我国农村体育生活方式现代化还处于起步阶段，现代性并不强，甚至可以说现代性很弱。但可以肯定的是，我国农村体育生活方式已经踏上了追求现代化的道路。不过，在我国当前背景下，我们应该充分考虑农村社会、经济、文化、自然等方面的情况，尊重农民的体育需求，合理地、和谐地、有效地利用各方面资源，赋予农村体育生活方式多元的、文明的、健康的文化功能，以满足村民新时代的体育需求，从而吸引更多的农民参与体育活动，丰富其体育生活，并将注重体育精神生活的“低消费、高福利”型体育生活方式确立为我国农村体育生活方式现代化现阶段的道路。随着农村社会、经济、文化等方面的不断发展，以及城乡统筹发展和城乡一体化的实现，我们坚信我国农村体育生活方式的现代性将会得到不断增强，现代化步伐将会不断加快，实现体育生活方式第一现代性和第二现代性的目标也不会太远。

三、政府管理农村体育工作的事权和财权尚未厘清

《农村体育工作暂行规定》第八条规定，县级体育主管部门应当加强本行政区域农村体育工作。第十二条规定，农村体育事业经费和体育基本建设资金应当列入县级财政预算和基本建设投资计划。可见，县政府具有发展农村体育事业的事权和财权。但是，农村体育的重点在乡镇，所以《中华人民共和国地方各级人民代表大会和地方各级人民政府组织法》第六十一条规定：乡、民族乡、镇的人民政府有“执行本行政区域内的……教育、科学、文化、卫生、体育事业等行政工作”的职权。这从法律上明确了乡（镇）政府具有管理农村体育的事权，不过从现有相关法规和制度上看，却没有赋予乡（镇）政府财权。因此，法规和制度中有关农村体育的相关要求的不一致，使得县、乡（镇）两级政府在推动农村体育发展中相互推诿，从而抑制了乡（镇）政府开展农村体育工作的主动性和积极性；同时，实行分税制后，财权逐渐向中央及省政府集中，而管理农村体育的事权却逐级下放，这不利于厘清政府管理农村体育事权和财权的关系。从全国来看，能够长期、持续地获得体育政策性经费的行政村、自然村很少。有关农村体育的法律和制度是保证农村获得合理体育权益，保障农村体育健康、可持续发展的最有力“武器”，然而，农民们对有关农村体育的法律和制度知之甚少，不懂得主动维护自己的合法权益，这也不利于农村体育工作的管理。

四、农村体育组织的自组织能力有限

中华人民共和国成立后，我国农村借鉴了苏联发展社会体育的经验，建立了以青年团、妇联和民办组织为主体的农村基层体育组织管理机构体系，来推动农村体育特别是农村青少年体育的开展。1956年，全国开始逐步建立县级体育运动委员会来全面领导农村体育工作的开展。之后一段时期，我国农村体育表面上来看似乎很“繁荣”，但存在“水分”，这是因为

这段时期农村基层体育组织成为国家"自上而下"强行推动"政治化体育生活方式"的"他组织"。现在看来，忽视农民的体育需求，脱离农村社会经济发展水平，"拔苗助长"式地推动农村体育的发展是不客观的。改革开放之后，由于缺少"自上而下"的推动，农村体育的发展进入了一个低潮期。但随着计划经济向市场经济的过度，特别是1994年之后，农村的社会经济快速发展，农村城镇化成效初步显现，农村体育再次活跃起来。然而这次"活跃"与之前的"繁荣"有明显本质的区别，"活跃"的力量更多来自民间，即"自下而上"式的"自组织"不断出现，诸如按照农民自己的体育需求建立了各类武术协会、乒乓球协会、广场舞队等。值得注意的是，这些"自组织"中有些群体是过去农村宗族组织、花会、香会、庙会和各类开展民俗传统体育活动的"会""社"。今天很多"会"和"社"的功能发生了改变，不仅仅为了祭祀，还焕发新生，出现了健身、娱乐、旅游等新文化功能。

农村体育组织的出现是农村政治、经济、文化发展的必然产物和现象。不过，作为"自组织"，它需要与外界不断进行信息、物质、能量的交换，才可能促进系统结构从较低级有序到较高级有序的结构变迁，保证系统的可持续、健康发展。目前我国的农村体育组织生存情况不佳，缺少与国家、社会等外界环境在人力、物力、财力、信息、制度、市场、文化等方面的深入交流和沟通，甚至有些体育组织长期处于封闭状态，难以得到外界的必要关心和支持，从而造成农村体育组织的自组织能力不足，管理不善，等等。安徽绩溪县石川村跳旗（见图6-1）是当地传承数百年的民俗传统体育活动，是该村船会活动的一部分，都是由"船会"组织的。新中国成立后，尤其是人民公社时期，由于大规模的社会主义改造，船会活动以及跳旗活动一度消亡。改革开放后，该村船会活动和跳旗活动逐渐恢复起来，但是恢复起来的"力量"主要来自村子里一个富裕起来的村民的资助。2009年，跳旗活动和船会活动成功申报省级非物质文化遗产。我们在该村调研时发现，除了省级非物质文化遗产申报成功后政府给予的不多的资金支持外，跳旗活动和船会活动难以获得政府和社会在资源方面更多的投入。一个老传承人告诉我们："现在年轻人都外出务工了，忙着挣钱养家糊口，加上政府没有给予更多的保护政策，年轻人也不愿承担传承这项民俗体育的责任，若有一天老传承人们都不在了，船会组织必将凋零，跳旗活动和船会活动也必将再次消亡。”

图6-1　安徽绩溪县石川村跳旗

五、体育骨干数量不足，业务素质不高

建立农村体育组织，培养农村体育骨干，是农村体育活动开展的根本保证。在农村，体育骨干队伍主要包括三类人群——体育干部、体育志愿者、社会体育指导员。体育志愿者是推进社会、社区、团体及个人体育发展，而不以换取报酬为目的提供自己的劳动、技术和时间的人员。社会体育指导员是指在竞技体育、学校体育、部队体育以外的群众性体育活动中从事技能传授、锻炼指导和组织管理工作的人员。而农村社会体育指导员是农村体育骨干中的中坚力量。据统计，目前我国九成的社会体育指导员在城镇，农村只占一成[①]。第六次人口普查数据显示，居住在乡村的人口为6.74亿人，占全国人口的50.32%。可见，我国农村社会体育指导员数量十分不足，造成大量农村体育的开展只能依靠体育干部、体育志愿者。虽然每个乡镇或村落都有体育干部（行政人员或聘用人员）和体育志愿者，但他们不仅数量相对较少，而且缺乏开展农村体育活动的基本理论知识和专

① 李相如.全民健身研究新视点[M].北京:北京体育大学出版社,2008.

业技能，业务素质不高，因此无法保证我国农村体育活动的实际效果和科学性。

六、社会和企业投资、赞助农村体育的热情不高

农村体育生活方式的现代化离不开体育公共服务的供给。由于无法保证农村体育公共服务的不可分割性、非竞争性和非排他性，所以农村体育公共服务是准公共产品。一般来说，体育公共服务的供给有三条渠道：政府供给、市场供给、社会供给。目前，农村体育公共服务的供给渠道主要是政府，即政府供给。但政府供给渠道正在弱化，无法全面向农民提供体育公共服务。考虑到这一点，我国《体育法》《公共文化体育设施条例》《农村体育工作暂行规定》等均提出鼓励企业、事业单位、社会团体和个人等社会力量以投资、捐赠和赞助等形式支持发展农村体育。目前我国的事业单位和大部分社会团体对农村体育的投资、捐赠和赞助的能力是相当有限的。即使有些民间社会团体具有较多的自我管理权，但因人力、财力和物力等资源的有限，无法有效地、高质量地向农村体育进行投资、捐赠和赞助。从企业方面来看，虽然不排除部分企业具有较强的公益心，但大部分企业还是会将经济利益作为权衡投资、捐赠和赞助农村体育的重要因素之一。从利益抉择的角度看，城市因其区位、基础设施、产业集聚效应等优势而处于主动地位，这一差异因竞争而得以强化，并且不断地吸引或留住企业提供的各类资源。而农村在区位、基础设施、产业集聚效应等方面存在弱势，难以有效地吸引企业的注意。并且目前国家缺乏有关企业、社会团体和个人投资、捐赠和赞助农村体育的具体操作的法律法规以及相关优惠和奖励政策，这在一定程度上也会抑制企业、社会团体和个人参与农村公共体育服务的供给热情。

第二节　新农村建设为构建新型农村现代体育生活方式提供了新机遇

其实，“社会主义新农村建设”并不是2005年才提出的，早在20世纪50年代，《中国共产党中央委员会关于农业生产互助合作的决议》中就提出了“社会主义新农村”的概念，其目的是通过以工农商学兵相结合、政社合一为特色的人民公社来推动农村走向社会主义和共产主义道路。60年代，中央在发展农村社会主义生产关系基础上提出建设“社会主义新农村”。90年代，中央提出“建设农村小康社会”，将农村建设成为“富裕、民主、文明的社会主义新农村”。2005年，十六届五中全会提出建设“社会主义新农村”。可见，新中国在不同历史阶段提出的有关“社会主义新农村建设”的概念，既体现了国家对农村社会发展理论和实践的不断探索，也体现了国家在不同历史背景下对我国农村建设内涵的不断创新。当前，中央所提出的“社会主义新农村建设”是在科学发展观指导下，政府动员全社会和全体农民利用农村社会发展客观规律科学地推动农村社会健康地、高效地向全面小康社会目标迈进的现代化建设运动[①]。总的来说，20世纪80年代以前，因为大的社会背景，我国农村体育生活方式特别强调政治化、军事化；80年代以后，我国政治和经济体制发生了重大改变，整个社会由计划经济向市场经济转变，由农村社会向城市社会转变，由农业社会向工业社会和信息社会转变，由贫穷社会向富裕社会转变。经过40多年的改革，我国农民的生活逐渐脱离了贫穷和落后，农民的精神文化需求越来越丰富多彩，他们对构建新型农村现代体育生活方式提出了更高的要求。当前，社会主义新农村建设既吹响了农村追求现代化的号角，也为构建新型农村现代体育生活方式提供了一个非常好的契机和新机遇。

① 谷中原.农村社会学新论[M].武汉:武汉大学出版社,2010:265.

一、农村体育建设引起了国家和社会的高度关注

《中共中央关于推进社会主义新农村建设的若干意见》要求："各级财政要增加对农村文化发展的投入。"目前，我国农村体育事业发展最缺乏的是资金、人力和体育科学知识。因此，构建新型农村现代体育生活方式不能仅仅从农村方面来谈，而是要在政府的领导下，充分利用社会主义制度和全社会的力量，动员全体农民参与到新型农村现代体育生活方式的构建中来。2006年，农民体育健身工程的实施犹如一剂强心剂，这引起了各级政府和社会各界的关注。2014年，《山东省体育竞赛管理办法》明确规定，要加大对城市社区和农村等基层公共体育设施建设的投入，逐步实现城乡公共体育设施均等化。2007年，江苏省政府要求全省所有行政村都要建农民体育健身工程。这项任务采取三条途径来筹措资金：其一，体育彩票公益金捐赠是主体。由于苏南、苏中、苏北经济实力差异较大，省级体育彩票公益金分别补助3 000元、4 500元、5 000元给每个行政村，并规定市、县两级政府体育部门按照1：1配套将本级体育彩票公益金投给每个行政村。其二，县、镇两级政府财政投入。2006年和2007年，县、镇两级政府财政投入6.8亿元，占到农民体育健身工程总投入的四成多。其三，社会赞助和捐款[①]。同时，国内各高校和各科研单位也加强了对农村体育的研究。

二、赋予了农村体育生活方式新的时代特征

《中共中央关于推进社会主义新农村建设的若干意见》中提出，积极开展多种形式的群众喜闻乐见、寓教于乐的文体活动，保护和发展有地方和民族特色的优秀传统文化，创新农村文化生活的载体和手段，引导文化工作者深入乡村，满足农民群众多层次、多方面的精神文化需求。相对于过去，目前农村经济发展迅速，经济结构也发生了巨大变化，农民的体育需求不断增多，因此，新型农村现代体育生活方式的构建应有别于过去的乡

① 戴伟，金世斌，李一宁．浅谈新农村、新体育、新生活[J]．群众，2008(3)：67-68.

村建设，既要强调其政治性，也要关注其娱乐性、健身性、经济性、生态性、现代性等，还要关注其对我国传统体育文化与西方现代体育文化精华的吸收。同时，还要看到，与城市相比，农村在经济、文化、社会等方面与城市还存在一定差距，农村体育生活方式想在短时间内达到目前城市现代体育生活方式水平还十分困难，因此，我国构建新型农村现代体育生活方式既不可以妄自菲薄，也不可以冒进。

三、城乡统筹缩小了城乡体育生活方式的差距

社会主义新农村建设更深刻的意义在于，通过国家整合，促进城乡统筹发展，加快推进城乡一体化，缩小城乡差距。当前，在城乡统筹、城乡一体化发展思路下，城市支持农村，工业反哺农业，促进城市与农村、工业与农业协调发展的工作广泛开展起来，在这样的趋势下，应以“城市支持农村”的方式不断加强城乡体育生活方式的互动，并向每个农民传递一种思想：“现代化在造就城乡差距的同时，又在向他们传递一种平等发展的理念，国家赋予每个公民平等的国民身份，同时也赋予了每个公民平等的享受体育的权利。”[①]过去，一直是农村支持城市建设，农业支持工业建设；今天，在党和国家推动新农村建设背景下，资源和财富颇丰的城市理应支持农村发展。这种方式也应落实在推动农村体育生活方式现代化上。目前，“城市支持农村”已经体现在农村体育生活方面，如近几年各大高校和体育科研机构已经将大量的人力、物力和财力投入推动农村体育发展的理论和实践研究，并推出了大量优秀的体育理论科研成果，各地也掀起了“体育下乡活动”（见图6-2）。可见，国家在宏观的群众体育部署上，已经开始逐渐将城市与农村体育视为一个系统来考虑，而不是就农村来论农村体育生活方式现代化发展问题。

① 徐勇.国家整合与社会主义新农村建设[J].社会主义研究，2006(1)：3-8.

图6-2　江苏省体育局组织的篮球明星下乡

四、民主合作精神逐渐走进了农村体育生活方式的构建中

在以工业化和城市化为基础的社会现代化背景下，民主合作精神已在中国大地“遍地开花”。相对于城市社会、城市工业、城市居民以及城市体育，农村社会、农业、农民以及农村体育都处于弱势，所以特别需要民主合作的力量来提升农村的诸多弱势。这不仅需要国家和社会各界尊重农民的自主地位，而且还需要农村社会、农业、农民借助民主合作的力量争取国家更多的资金、物质、人力、政策等方面的倾斜式支持，以及通过与社会各界（主要是城市社会各界）的民主合作，实现各方利益的共赢，防止和避免利益冲突和矛盾。目前，从国家层面来看，为了保障村民实行自治，维护村民自身合法权益，推动农村基层民主政治建设，需要发展农村基层民主。2010年，全国人大常委会再次修订并通过《中华人民共和国村民委员会组织法》。同时，各级政府不断下达各类关于农村村委会选举、农村村务公开的文件。从农村自治组织本身来看，农村自治组织（包括农村体育组织）的自治能力还有待增强。农村体育组织作为农民体育权益的代表组织，有责任、有义务向拥有丰厚体育资源的政府和社会各界提出自己的体育利益表达，维护农民本应享受的体育权益。只有促进农村体育组织数量的不断增多，促进其社会影响力的不断增加，他们才有实力和可能在民主合作的方式下与各级政府和社会各界协商以争取更多的体育资源、体育利益话语权和维护权，寻求二者之间真正的资源共享和共赢，否则农民体育

权益难以得到充分地考虑和重视。同时，农村体育组织内部也应该加强民主合作，这样才能高效率地增强自治能力。《中共中央关于推进社会主义新农村建设的若干意见》中提出，加强和健全村党组织领导下的村民自治机制，并完善村务公开、民主议事和村民“一事一议”制度，以保障村民对村务的知情权、参与权、管理权、监督权，以及在农村公益性设施建设、筹资筹劳等方面的决策权。2014年，安徽省枞阳镇的蒲洲社区部分村民向社区反映体育健身场地的匮乏，该社区决策层通过与政府协商，争取到“一事一议”财政补助资金15.6万元，同时村民自筹6.4万元，修建了蒲洲村民体育活动中心①。

第三节　构建我国新型农村现代体育生活方式的对策和建议

一、“坚持统筹城乡发展，加快推进城乡一体化”是推动农村体育生活方式现代化的重要指导思想

中国能否实现全面建成小康社会，关键在于“三农问题”能否解决。而解决“三农”问题不能单纯依靠农村和农民自身，必须在市场化、城市化和民主化进程中进行城乡的国家整合。在很多学者的观点中，中央提出建设社会主义新农村，主要是源于城乡差距的日益扩大。日益扩大的城乡差距不仅影响农村社会现代化建设，同时也影响我国现代化的整体发展进程。因此，社会主义新农村建设的核心是统筹城乡发展，将分割的城乡整合为一体，并通过各种方式促进资源向乡村配置②。从党的十六大提出“统筹城乡经济社会”，到党的十八大提出“推动城乡发展一体化”，表明国家

① 何飞，黄向华．枞阳完成一事一议项目137个[EB/OL].http://www.zongyang.gov.cn/DocHtml/1/2014/12/19/7994001020813.html.

② 徐勇．中国农村与农民问题前沿研究[M].北京：经济科学出版社，2009：19.

不断通过国家整合，在业已分化的城乡差别基础上重新构建城乡之间的联系和统一性。虽然统筹城乡发展和城乡一体化发展是两个不同的概念，前者多指一种工作思维方式和工作方法，即用统筹的思想来指导发展的实践，后者更多地强调城乡融合的结果，尽量消除城乡差距，实现城乡共同发展[①]。但是这两个概念都把城市与农村的发展作为一个整体而不是割裂地加以考虑。应该来说，十多年统筹城乡发展的实践和理论创新，为城乡一体化发展奠定了坚实的基础。“坚持统筹城乡发展，加快推进城乡一体化”已经成为指导解决我国“三农”问题以及推动农村体育生活方式现代化的重要指导思想。近几年，国家在解决“三农”问题时，“多予、少取、放活”的六字方针就是这个指导思想的具体体现，如免除农业税、打破城乡二元户籍界限、保护和传承农村传统文化等。在“坚持统筹城乡发展，加快推进城乡一体化”背景下，作为农村生活重要内容之一，国家也不断加大对农村体育人力、物力和财力等方面的投入（虽然不能与城市相提并论，但相对于过去，已经迈出了坚实的一步）。国家在按照“多予、少取、放活”六字方针推动农村体育生活方式现代化方面还应加强以下几个方面的工作：

（1）确保和落实农村体育事业经费和体育基本建设资金列入县级财政预算和基本建设投资计划，并随着当地经济发展加大投入。（2）各县级政府应统筹城乡群众体育事业发展，促进城乡体育资源和公共体育服务均衡配置，逐步建成城乡一体化的全民健身公共服务体系，增强农村基层体育公共服务能力。（3）推出和落实更多优惠和奖励政策，吸引和鼓励企业、社会团体和个人对农村体育进行投资、捐赠和赞助，实现多方的共赢局面。（4）推出和落实更多优惠和奖励政策，吸引和鼓励体育科研者、体育专业人士、毕业大学生等深入农村，指导和帮助构建健康、科学、文明的农村体育生活方式。（5）推出和落实更多优惠和奖励政策，要有目的地保护民俗传统体育文化传承人，为他们创造和提供一些必要的活动条件和环境，使他们既能展示自己，又能“传、帮、带”出一批民俗传统体育文化传承人，从而促进民俗传统体育文化和传统体育生活方式的传承和弘扬。（6）

① 肖亭.城乡统筹发展与城乡一体化的关系[EB/OL].http://www.cq.xinhuanet.com/zhengwu/2007-03/29/content_9639300.htm.

按照文化尊重原则、活动参与原则、分类指导原则等，建立一套贴近农民的体育制度来保障农民的体育权益。

二、以体育生活方式综合现代性为现阶段目标，走一条注重体育精神生活的“低消费、高福利”型体育生活方式现代化道路

我国采取的是以综合现代化方式来推动社会现代化，这就决定了农村体育生活方式现代化采取的也是综合现代化方式，即一种以综合体育生活方式第一现代性和第二现代性为目标的新发展形式，所以体育生活方式综合现代性是我国农村体育生活方式现代化现阶段目标。虽然确定了现阶段目标，但受城乡“二元社会”和农村经济、文化和社会等方面因素的影响，我国农村体育生活方式应该走一条注重体育精神生活的“低消费、高福利”型现代化道路。各级政府、社会组织、企业和相关个人在推动农村体育生活方式现代化时，还应注意以下四点：（1）不断完善农村体育生活方式现代化运行机制，通过调整农村体育生活方式系统结构，加快农村体育生活方式文化功能的输出，以满足农民多元的体育需求。（2）不可以“冒进”。由于目前我国农村社会还保留着一些农业社会特征，所以生产方式的局限性决定了农村体育生活方式难以按照西方社会注重体育精神生活和体育物质生活平衡发展的“高收入、高消费、高福利”型体育生活方式现代化道路来走。我们不能不顾及农民的合理体育需求将发展城市体育生活方式的做法完全推行到农村，这是一种脱离实事求是的“冒进”做法。（3）不可以“妄自菲薄”。虽然目前我国农村体育生活方式现代性落后于城市，但在追求现代化道路上，却不可以“妄自菲薄”，要充分发挥自己的优势和特点，并在国家适时和适当地将人力、物力和财力投入到农村时，通过改善人与人、人与自然环境、人与自己内心世界的关系，引导村民自发开展村庄层面的、贴近村民生活的、喜闻乐见的体育文化活动。这样做不仅可以吸引更多村民参与，还提高了村民的精神生活质量，有效地提供社会福利，让我国农村体育生活方式走上一条注重体育精神生活的“低消费、高福利”

型现代化道路。(4)我国农村体育生活方式现代化会呈现出一种不平衡性与渐进性。《中国现代化报告2006：社会现代化研究》一书指出："社会现代化既是一种历史的必然，也是一种社会的选择；社会现代化是一种全球化的过程，是一种长期过程，是一种有阶段的过程，是一种积极适应的过程，是一种不平衡的过程，是一场持续的国际竞赛。"体育生活方式现代化由于建立在社会现代化基础之上，所以我国农村体育生活方式现代化会呈现出一种不平衡性与渐进性。虽然目前我国农村体育生活方式综合现代性不足，但它已开始了现代化发展进程。未来随着农村经济、社会、文化、生态等方面逐渐现代化，我国农村体育生活方式将会从目前注重体育精神生活的"低消费、高福利"型现代化道路逐渐走向注重体育精神生活和体育物质生活平衡发展的"高收入、高消费、高福利"型现代化道路，也将具备更多、更充足的体育生活方式现代性。

三、增强村委会和农村体育组织的体育公共服务供给能力

村落是农村传统体育和现代体育传承、创造和享用的基本社区。村落是农村体育生活的第一活动场所，是构建农村体育生活方式的基地[①]。不过，当前我国村落开展农村体育生活面临着村委会和农村体育组织体育公共服务供给能力较弱的问题。在很多场合，这两个问题总是一起出现的。近几年来，国家虽然加大了农村体育公共服务的供给力度，但也无法直接为农村提供与城市无差异的体育公共服务。在很多情况下，农民的体育生活状况与村落内部体育公共服务供给能力密切相关。然而目前我国农村村委会和农村体育组织的体育公共服务供给能力还不足。对此我们提出四点建议：一是加强村委会的体育组织能力。其中最为核心的环节是如何解决活动经费问题，建议国家逐年加大向农村的转移支付，甚至可以将部分体育经费和物资直接转移到村落（行政村）一级，并通过"一事一议"来讨论资金的使用和体育公共服务的供给。二是随着各级政府财政对农村体育投入的不断增多，以及在体育彩票公益金和社会资金的大力资助下，可以

① 虞重干，郭修金.农村体育的根基：村落[J].武汉体育学院学报，2007(7)：1-5.

考虑将更多的体育设施建设在自然村，满足村民就近参与体育活动的需求。三是恢复部分村落权力，在民主决策和监督的前提下，允许村委会向其居民收取一定公共品建设费，以解决体育公共服务供给不足的问题。四是培育农村体育组织，增加农村公共体育服务供给。首先，政府应充分肯定宗族组织对村落传统体育活动的组织管理能力，鼓励其协助村委会组织好村落体育生活。从宗族组织的性质来看，它是民间社会团体。由于历史原因，宗族组织总是被涂抹上“封建”“愚昧”“落后”等消极色彩。但事实上，合理使用宗族组织的众多优秀社会功能，有利于村落体育生活筹集活动经费，以及组织村民开展民俗传统体育活动。其次，政府要允许村民在法律范围内建立自己的体育协会、组织和其他实体。村民可以根据本村社会经济发展情况和体育爱好来自主选择组织形式，诸如妇女舞蹈队、舞龙队等。同时，由于农村体育组织是喜爱某一体育活动项目的村民们自发自愿组建的组织，其提供的文化、娱乐、健身等方面的文化功能可以充分满足每个参与者的体育需求，所以农村体育组织可以有效地阻止“搭便车现象”，成为农村最有效的体育公共服务供给主体之一[①]。

四、转变传统生产方式，不断增加农民收入，提高农村体育生活质量

生产方式决定生活方式，因此，生产方式将直接影响人的生活质量，当然也直接影响人的体育生活质量。目前，我国农村传统生产方式依然存在，有些地方还是依赖自然经济，农民收入不高，这些是造成农村体育生活质量落后于城市的重要原因之一。宋涛认为，市场经济是现代生产力发展最佳运动方式，也是摧毁一切陈旧、传统的生活方式，促使现代社会生活诞生和发展的革命力量[②]。所以，加快农村自然经济向市场经济转变，全面调整农村产业结构，朝向专业化、规模化和市场化迈进，不断增加农民

① 余涛，张世威，王永顺，等.新农村建设背景下农村体育生活方式理念和构建：以安徽歙县许村为例[J].北京体育大学学报，2012(2)：11-15.

② 宋涛.传统裂变与现代超越[M].北京：民族出版社，2006：183.

收入，是提高农村体育生活质量的必由之路。徐勇等学者提出以“多向方式”拓展就业来调整农村产业结构的设想。他们认为，农民就业有两大类型——家庭内部就业和家庭外部就业。从家庭内部就业拓展来看，一方面要加强从土地密集型、资金密集型产业向劳动密集型产业调整，从种植业向养殖业、庭院经济调整；另一方面，形成“农户+企业”的加工生产模式，发展手工业、加工业、代工产业，从而促进农民增收。从家庭外部就业来看，包括两个方面——农村内部就业和农村外部就业。前者主要是大力发展非农产业和农业衍生产业。非农产业主要包括农村工业、商业和运输业等；农业衍生产业主要是指农业生产社会化、市场化过程中衍生出来的职业，如专门的收割公司、专门的农产品销售公司等。后者主要指农民外出务工经商。徐勇特别强调，农村内部就业主要是农村财富的再分配，不会增加“财富蛋糕”，而农村外部就业却可以带来“财富增量”，因此，未来国家还应设法加强农村外部就业的建设，以增加外部就业时间①。只有全面转变我国农村传统生产方式的现状，使其生产方式适应当前市场经济发展，才能从根本上解决农民增收慢、增收少的问题。只有农民真正富裕起来了，他们才能形成更加强烈的、多元的体育需求，才能有更多休闲时间参与体育活动，才能有更多资金参与体育消费。

五、农村体育生活形式以村落为本体，以农民为本位

目前，我国农村体育生活方式虽然存在众多新的气象，但其与城市体育生活方式在价值取向和内涵方面仍存在着一定的差异，我们不可能以发展城市体育生活方式的理念来构建农村体育生活方式，因此，我们需要在新农村建设背景下，以村落这个社区生态空间实际情况为依据，寻求新型农村现代体育生活方式的构建理念。

（1）传统体育与现代体育的共生共融——农村体育生活的内容。我国农村传统体育是在千百年的农耕社会和宗法秩序环境中逐渐形成的，具有适应村民文化心理、审美情趣的特征，并且作为习俗文化形态具有较强的

① 徐勇．中国农村与农民问题前沿研究［M］．北京：经济科学出版社，2009：162-163.

稳定性。虽然历经一系列的改革，但传统体育依然是村民体育生活的重要组成内容之一。改革开放后，随着经济和社会的高速发展，特别是“打工潮”和现代传媒的出现，传统体育与现代体育不断在我国农村发生冲突和交融。一种文化形态的发展速度及发展水平取决于它与其他文化的碰撞、交流与融合[①]。因此，当前构建新型农村现代体育生活方式，需要每个体育生活主体在扬弃传统体育的基础上不断实践现代体育中的积极成分。

（2）祈福、认同、健康、娱乐、休闲、营利——农村体育生活的价值取向。目前，我国农村传统体育大体上包括宗族祭祀体育活动和传统体育游戏两类。前者是以宗族为组织基础，开展时间主要集中在祭祖、祭神、节日欢庆、婚丧嫁娶以及孩子满月时，具有祈求风调雨顺、平安幸福等祈福功能。同时，农村传统体育还具有对村落和宗族的认同功能。后者参与主体主要是未成年人，他们常常自发组织起来进行传统体育游戏，这类活动更多以追求娱乐为目的。近些年来，受到现代体育健康、娱乐、休闲、营利等价值取向的影响，村民们不仅接受了很多现代体育活动项目，而且对现代体育的价值取向由抵触转向认同，甚至将这些价值取向嫁接于传统体育上。过去在村民的潜意识中参与现代体育活动常常被视为“游手好闲、不务正业”的“偷闲”，甚至被认为是对劳动的逃避和排斥，而现在村民对现代体育的健康、娱乐、休闲等重要作用有了较强的认识。春节期间，舞大刀、舞板龙、嬉鱼灯等在很多年轻人眼中更多的是一种“假日狂欢”，为一年到头外出辛苦务工的年轻人和留守村中辛勤劳作的村民们提供了一种娱乐、调节的方式，而且这段时间村里打麻将、推牌九等赌博现象也少了很多。另外，通过村落旅游平台，对舞大刀、舞板龙、舞鱼灯等传统体育无形资产进行商业开发体现了现代体育的营利价值。可见，村民们对现代体育价值取向的认同和接纳，不仅诠释了《中共中央国务院关于推进社会主义新农村建设的若干意见》中文化建设的精神，而且还释放出更多传统体育和现代体育价值取向之间的和谐之音。

（3）节俭与追求体育生活品质和谐统一——农村体育生活消费观。体育生活方式是体育物质生活和体育精神生活的集中体现。在我国很多城市，

① 许毓成．奥林匹克文化与城市精神构建[J]．体育科技，2006(3)：1-4.

城市居民体育生活离不开体育消费，离不开体育服装、体育器材、体育场馆等体育物质资源。然而因城乡“二元社会”格局的存在，农民在这方面难以与城市居民相提并论。在许村，除了农民体育健身工程提供的一些体育设施外，剩下的体育物质生活资源便是各类宗族祭祀体育活动时使用的道具、茶叶精制厂的一座简易羽毛球馆、孩子们自制的传统体育游戏玩具和大人带回来的体育用品等。从消费层面来看，相对于城市，许村村民对体育物质生活资源的消费不仅数量少，而且质量也较低，甚至可以用“节俭”二字来形容。不过，许村的体育精神生活资源却丰富多彩，如许村大刀舞活动不仅寄托了村民祈求保佑许村风调雨顺、平安幸福等愿望，而且还可以强化村民对村落、宗族的认同。也许在很多城里人的眼里，“大刀舞”等宗族祭祀体育活动意味着愚昧、荒诞，但在许村人心里这是有意义、有尊严的活动。可见，我国“二元社会”的客观存在，并没有阻碍许村村民们对提高体育生活品质的追求。不过，他们追求体育生活品质的途径更多是对体育精神生活的挖掘，而较少来自体育物质生活的消费。因此，目前我国农村体育生活消费观是一种“节俭与追求体育生活品质和谐统一”的消费观①。

（4）符合本村实际，因地制宜寻求体育生活的可持续发展——村落体育生活方式的个性。我国幅员辽阔，东部、中部和西部农村的自然环境、经济基础和文化背景差异较大，如果各地农民在体育生活方式方面搞“一刀切”，或按照几个固定模式推广显然不切实际。我们认为，每个村落首先要摸清自己的“家底”，明晰本村体育生活的特点，把握优势与不足，走符合本村实际、可持续发展的因地制宜之路。如四川省营山县锁水村在创建“农民健身示范村”过程中，制定并出台了《锁水村群众体育发展暨农民健身实施方案》和《锁水村农民健身示范村建设实施方案》，成立了村民体育协会，培养了28名社会体育指导员，聘请了9名健身顾问，组建了趣味健身队、长跑队、散步队、跳绳队、踢毽队、拔河队、象棋队等业余健身队伍。同时，结合农村生产生活实际，因时而异、因龄选项、依农健身、因

① 余涛，张世威，王永顺，等．新农村建设背景下农村体育生活方式理念和构建：以安徽歙县许村为例[J]．北京体育大学学报，2012(2)：11-15.

地制宜开展跳绳、打羽毛球、打乒乓球、打篮球、下象棋、挑担负重、栽秧打谷等现代体育活动和“农活型体育活动”，从而鼓励和引导村民参与体育活动，营造村落体育活动开展的广泛化和常态化。

六、加快服务型乡镇政府建设，提高农村体育公共服务供给效率

对于加快农村服务型乡镇政府建设以提高农村体育公共服务供给效率，我们提出以下建议：（1）完善乡镇权力重构。目前，在一些经济发达地方的乡镇制度改革上出现了扩大镇政府自主权的“镇政”形式，在一些经济欠发达地方的乡镇制度改革上出现了强化县级政府对农村公共服务供给职能的“乡派”形式。无论是“镇政”还是“乡派”，其实质都只是乡镇制度构建的一种形式而已，并没有考虑到如何加强农民对乡镇政府公共服务供给工作的咨询建议、参与决策与监督。因此有人提出，加强乡镇人大任制改革，让党组织推荐代表、村委会主任和民意选举村民代表组成常任乡镇人民代表，这样既可以充分体现乡村社会的民主合作精神，反映农村基层民意，也可以监督乡镇政府体育公共服务供给等行政事务。（2）加强对乡镇政府的转移支付，厘清乡镇政府的体育公共服务事权和合理划分财权。全面取消农业税以后，我国各县乡财政收入锐减，然而提供农村体育公共服务（也包括其他公共服务）的事权并没有减少，这是造成乡镇政府无法高效完成体育公共服务供给的原因之一。因此，考虑到乡镇政府更接近农村基层，更了解农村体育实际情况，提供体育公共服务是乡镇政府无法推卸的分内之事，建议中央和省政府加大对包括体育公共服务在内的公共服务供给的财政转移支付，厘清各级政府事权职责，并根据各级政府的事权职责合理划分财权。（3）将农村体育和其他公共服务工作纳入乡镇政府服务型政绩考核内容中，并建立双向问责体制。过去，乡镇政府政绩考核多以经济发展为主，忽视了公共服务和乡村治理，从而造成乡镇政府主观上不愿花更多的财力、物力、人力等资源投入公共服务供给中。如在农民体育健身工程实施之前，乡镇政府财政投入农村体育中是很少的，而农村体

育健身工程实施之后，其资金投入并非都来自县、乡镇财政，而是来自各级政府财政支出、体育彩票公益金和社会资金（体育彩票公益金占的比例最高）。如何促使乡镇财政增加对包括农村体育在内的公共服务的投入呢？应该将农村公共服务纳入政绩考核内容中，这样可以提高乡镇政府对其的重视。在问责体制方面，因人事、财政等权力受制于县政府，乡镇政府只对县政府负责，并接受县政府问责。然而，打造服务型乡镇政府，就是打造为农民服务的行政机构，因而它也应向农民群众负责，并接受农民群众的问责，所以，重视乡镇政府服务型政绩的考核和双向问责体制（接受上级政府和农民群众的问责体制）的建立是“服务型”乡镇政府建设的重要内容之一。（4）完善农村体育公共服务的供给体系。“上面千根线，下面一根针”是对现在农村乡镇政府繁忙工作状况的形象比喻，加上缺少人手和财政收入，乡镇政府难以应付各类公共服务，形成乡镇政府公共服务供给效率低的局面。湖北省实行了“以钱养事”的公共服务形式，推进政事分开，把一些公共服务交给市场、社会组织或村民自治组织，形成政府、市场和社会多元合作公共服务模式，提高了公共服务供给效率。虽然湖北省的“以钱养事”公共服务形式还存在很多问题，但给全国农村体育公共服务供给提供了一个非常好的启示，当然各地方也可以推出有当地特色的供给方式。不过，可以肯定的是，未来农村体育和其他公共服务供给将会在政府、市场、社会组织和个人的参与下共同完成，最终形成一个覆盖整个农村的公共服务供给体系。

七、以集镇为中心，推动农村体育生活向高层次发展

集镇是指乡镇人民政府所在地和经县级以上人民政府确认由集市发展而形成的作为农村一定区域经济、文化和服务中心的非建制镇。集镇因其具有一定的腹地、有利的交通位置以及全区经济、文化和服务中心的地位，可以发展成为联系周围一定范围的乡村的体育活动中心。在集镇建立起体育活动中心不仅可以让农民就近参与体育活动，并且集镇仍属本乡本土，有种亲切感，可以让农民参与体育活动时感到无拘无束。因此，为了满足

农民和农村企业工人的体育需求，通过政府投入和社会支持，应尽可能在集镇提供较完备的体育场馆和设施，并成立各类农民体育健身俱乐部和农民体育社团等；集镇还应当建立专门的农村体育组织管理机构，按集日、节日、假日、季节有计划地组织各类农民体育活动，逐步提高农民体育生活的格调[①]。农村体育组织管理机构还要负责为下属村落、企业培养体育骨干，督促和引导村落和农村企业开展各类的体育活动。最后，集镇作为商业中心，应大力发展体育服务业，改变农民的体育消费结构和旧的体育生活习惯，为他们增添体育活动时间、启动体育消费创造条件[②]。

八、发挥农村企业优势，带动农村体育生活的蓬勃开展

2008年，中央“一号文件”作出新时期必须加强农业基础地位，走中国特色农业现代化道路，建立以工促农、以城带乡长效机制，形成城乡经济社会发展一体化的伟大战略。加快区域农村企业发展，促进新农村建设将是现阶段全面发展的重中之重。农村企业的发展不仅可以促进我国农村经济快速增长，而且可以极大地转变农村传统生产方式，它们在构建我国新型农村现代体育生活方式和缩小城乡体育生活质量差距方面中将起到关键的作用。首先，农村企业的劳动方式与传统的农村劳动方式有质的差别，农村企业一般采用有规则的班次制劳动，而传统农村劳动方式采取的是起伏较大的季节性劳动，因此，农村企业员工的体育生活十分接近城市体育生活方式。其次，农村企业聚集着一大批青年农民，这些青年农民在农民阶层中属于有知识、有文化、有技术的群体，他们具有较强的体育意识，更易接受、参与体育活动。最后，相对来说，农村企业资金较雄厚，具有为企业员工参与工余体育活动提供物质基础的能力。因此，农村企业和农村企业员工是构建新型农村现代体育生活方式的两个不可忽视的重要因素。

① 江亮，饶平，莫迎锐，等.我国新农村建设进程中农村体育发展的社会学审视[J].北京体育大学学报，2008(11)：1461-1463，1467.

② 余涛，张世威，王永顺，等.新农村建设背景下农村体育生活方式理念和构建：以安徽歙县许村为例[J].北京体育大学学报，2012(2)：11-14。

另外，农村企业所拥有的体育场地、体育设施等若能面向附近农民开放，不仅可以解决农村体育公共场地缺乏的问题，满足附近农民日益增长的体育需求，而且还能够将农村企业的工余体育生活与附近村落的农余体育生活有机地结合在一起，对于开阔农民的体育生活视野、构建新型农村现代体育生活方式起着重要的引导作用①。

九、努力提高农村体育生活的科学化水平

体育生活科学化是体育生活方式现代化的重要特征之一，因此，加快农村体育生活方式科学化进程是寻求其现代化的必要条件之一。（1）加强农村社会体育指导员培训力度。在农村，一些愿意参加体育活动的农民遇到的最大困难是体育科学知识匮乏。虽然在农村有体育专职人员、体育积极分子、体育骨干、社会体育指导员和大学生村官，但是数量非常有限，因此，大力培养农村社会体育指导员十分必要。体育主管部门应充分利用农闲时间带领专家到乡镇上给来自各村落的农村体育积极分子、体育骨干和大学生村官等进行社会体育指导员课程培训。当这些农村体育积极分子、体育骨干和大学生村官完成培训后回到村里，他们会成为村里的“体育专家”和“体育权威”，他们会宣传体育科学知识，传授体育基本技术技能，引导和组织村民们参加体育锻炼，甚至可以利用在培训期间建立起来的学习交流平台，及时地与专家进行沟通来解决指导过程中所遇到的新问题。因而，大力培训农村社会体育指导员，逐渐建立起一支活跃在广大农村、有规模、较稳定、责任心强的高水平社会体育指导员队伍，是向农村进行体育科普宣传、促进农民参与体育活动的一种有效的、便捷的渠道之一。（2）不断加强农村体育方面的科学理论研究。目前农村体育与城市体育在现状、问题以及发展规律等方面存在着很多不同，这需要政府、社会特别是各高校、科研单位加强这些方面的科学理论研究，政府、社会和个人只有准确地把握住农村体育的现状、问题以及发展规律，并找到相关解决对

① 余涛，张世威，王永顺，等.新农村建设背景下农村体育生活方式理念和构建：以安徽歙县许村为例[J].北京体育大学学报，2012(2)：11-15.

策，才能在推动农村体育发展中取得事半功倍的效果。(3) 乡镇建立农村体质监测站。目前，构建新型农村现代体育生活方式还处于初步阶段，要检验实施效果，必须要建立合理的、科学的农村体育生活方式发展评价指标体系，其中农民的体质健康是最为重要的一个指标。因此，有必要在乡镇建立农村体质监测站，加强检测人员的培训，对农民的体质进行定期、集中检测，并发布检测结果，为政府和社会提供有效的农民体质信息，使政府和社会在推动农村体育发展中能够及时发现问题，并采取有效措施。(4) 加强农村学校的体育教育工作。针对部分农村学校体育教师少、体育课任务重和体育课开设不正常等现象，国家各级教育部门和人事部门应相互配合，制定并严格执行增加农村体育教师编制比例的政策，以充实农村学校专业体育教师队伍；县级教育部门应将农村体育教学经费单列，保证农村体育教学经费正常投入。同时，各级教育部门应加强对农村学校体育课的监督，严格检查体育场地设施的增置和维修工作，杜绝不按照体育教学大纲上体育课或不开设体育课的不正常现象，保证农村学生能够掌握更多的体育基本知识、基本技术和基本技能，为他们树立良好体育意识和终身体育观念打下坚实的基础。(5) 加强农村体育科学知识宣传和体育信息化建设。新农村建设中，新体育、新文化和新生活方面的信息一直是农村文化宣传的主要内容。乡镇政府、村“两委”要充分运用好村广播台、村宣传栏、电视、网络、报刊等媒体，甚至请专家到乡镇和村落“传经送宝”，加强农村体育科学知识宣传和体育信息化建设。这样不仅可以提高农民的体育意识、增加农民的体育科学知识贮备，让广大农民学体育、懂体育、玩体育，而且还可以吸引更多的农民参与到体育生活中来，让体育生活真正成为农民终身的、科学的、健康的、文明的生活内容之一。(6) 各乡镇要制定适合本乡镇现状的农村体育实施办法。当前，国家、省市县等层面已制定了一系列促进农村体育事业发展的相关规划或制度，但从内容上看都是较为宏观的指导意见和措施，到了农村基层，具体情况千差万别，乡镇和村落完全依靠上级的规划或制度开展体育工作显然是不现实的，因此，乡镇还要根据所辖村落体育情况特点，有针对性地制定适合当地的农村体育实施办法，才能保证当地农村体育的可持续的科学发展。

主要参考文献

1.著作类

[1]安东尼·吉登斯.民族:国家与暴力[M].胡宗泽,赵力涛,译.王铭铭,校.北京:生活·读书·新知三联书店,1998.

[2]曾锡银,高涛.武术·射弩[M].银川:宁夏人民出版社,2011.

[3]黄平.乡土中国与文化自觉[M].北京:生活·读书·新知三联书店,2007.

[4]国家体育总局政策法规司.群众体育战略研究:2005年全国体育发展战略研讨会文集[M].北京:北京体育大学出版社,2005.

[5]费孝通.江村经济[M].呼和浩特:内蒙古人民出版社,2010.

[6]谷中原.农村社会学新论[M].武汉:武汉大学出版社,2010.

[7]卡尔·雅斯贝斯.时代的精神状况[M].王德峰,译.上海:上海译文出版社,1997.

[8]克莱德·M.伍兹.文化变迁[M].何瑞福,译.石家庄:河北人民出版社,1989.

[9]李建国,吕树庭,董新光.社会体育[M].北京:人民体育出版社,2004.

[10]李培林,李强,孙立平.中国社会分层[M].北京:社会科学文献出版社,2004.

[11]李守经.农村社会学[M].北京:高等教育出版社,2000.

[12]李淑贞.现代生活方式与传统文化教程[M].厦门:厦门大学出版社,2003.

[13]李真,汪锡奎,郑振有,等.当代中国生活方式论[M].南京:东南大

学出版社，1997.

[14]梁利民.我国体育生活化探索[M].北京：北京体育大学出版社，2006.

[15]卢元镇.体育社会学[M].北京：高等教育出版社，2001.

[16]刘志民，虞重干.小城镇体育　大社会问题：我国16个小城镇经济、社会与体育发展的实证研究[M].北京：人民体育出版社，2005.

[17]刘晓春.仪式与象征的秩序：一个客家村落的历史、权力与记忆[M].北京:商务印书馆，2003.

[18]苗大培.论体育生活方式[M].北京：北京体育大学出版社，2004：90.

[19]彭大鹏，吴毅.单向度的农村：对转型期乡村社会性质的一项探索[M].武汉：湖北人民出版社，2008.

[20]中央民族大学体育学院少数民族体育用品课题组.少数民族体育用品[M].北京：中央民族大学出版社，2011.

[21]宋涛.传统裂变与现代超越:西部大开发与西南少数民族生活方式变革问题研究[M].北京：民族出版社，2006.

[22]苏联科学院社会学研究所.社会学手册[M].唐学文，陈本和，孔延庚，等译.杭州:浙江人民出版社，1983.

[23]孙炳耀，常宗虎.中国社会福利概论[M].北京：中国社会出版社，2002.

[24]王俊奇.江西民俗体育文化[M].南昌：江西人民出版社，2008.

[25]王凯珍，赵立.社区体育[M].北京：高等教育出版社，2004.

[26]王晓毅.转型时期的农村社会冲突[M].广州：广东教育出版社，2009.

[27]王雅林.人类生活方式的前景[M].北京:中国社会科学出版社，1997.

[28]王玉波，翟明安.超越传统：生活方式转型取向[M].北京：京华出版社，1997.

[29]王玉波，王雅林，王锐生.生活方式论[M].上海：上海人民出版社，1989.

[30]王玉波.大樊笼·小樊笼：中国传统生活方式[M].北京：中国新闻出

版社,1989.

[31]徐勇,等.中国农村与农民问题前沿研究[M].北京:经济科学出版社,2009.

[32]郇昌店.城镇化进程中我国农村公共体育服务发展模式研究[M].北京:北京体育大学出版社,2013.

[33]杨桦.全民健身理论与实践[M].北京:北京体育大学出版社,2006.

[34]金哲,李良美,姚永杭,等.最佳生活方式的选择[M].杭州:浙江人民出版社,1987.

[35]张涛.中国少数民族传统体育文化生态学研究[M].北京:中央民族大学出版社,2008.

[36]郑召利.哈贝马斯的交往行为理论:兼论与马克思学说的相互关联[M].上海:复旦大学出版社,2002.

[37]中国群众体育现状调查课题组.中国群众体育现状调查与研究[M].北京:北京体育大学出版社,1998.

[38]中国现代化战略研究课题组,中国科学院中国现代化研究中心.中国现代化报告2006:社会现代化研究[M].北京:北京大学出版社,2006.

[39]周秀梅.中外节日礼仪大全[M].北京:中国戏剧出版社,2005.

[40]朱炳祥,崔应令.人类学基础[M].武汉:武汉大学出版社,2006.

[41]朱家新.新时期农村体育发展理论与实证研究[M].合肥:安徽大学出版社,2007.

2.期刊类

[1]金现东.现代化和现代性:韩国现代化的另一种观点[J],世界历史,2005(5):93-101

[2]陈莉.体育课程文化的结构与特征论析[J].北京体育大学学报,2011(5):97-100.

[3]陈瑞.明清时期徽州的宗族与保甲推行[J].中国农史,2012(1):88-103.

[4]庹权,朱沛国.体育生活方式的现状及其原因探悉[J].湖北体育科

技，2004(3):370-373.

[5]郭齐勇.试论文化保守主义思潮[J].学习与探索，1990(1)：4-14.

[6]郭修金，虞重干.岁时节日传统体育习俗的传承与发展[J].上海体育学院学报，2007(4)：60-64.

[7]贺雪峰.村社本位、积极分子：建设社会主义新农村视角研究二题[J].河南社会科学，2006(3):22-25.

[8]贺雪峰.关于新农村建设的四个问题[J].天涯，2006(5)：12-16.

[9]贺雪峰.文化建设再造农民福利[J].瞭望新闻周刊，2006(3):63.

[10]贺雪峰.乡村建设重在文化建设[J].小城镇建设，2005(10)：10-11.

[11]贺雪峰.新农村建设与中国道路[J].读书，2006(8):92-99.

[12]贾磊磊，潘源.中国传统文化的核心价值观：和谐·仁爱·自然[J].自然东南大学学报(哲学社会科学版)，2012(3):56-60.

[13]江亮，莫迎锐，李红军，等.我国新农村建设进程中农村体育发展的社会学审视[J].北京体育大学学报，2008(11)：1461-1463，1467.

[14]梁利民.体育生活化的理论构架[J].上海体育学院学报，1999(2)：26-29.

[15]唐力行.20世纪上半叶中国宗族组织的态势：以徽州宗族为对象的历史考察[J].上海师范大学学报(哲学社会科学版)，2005(1)：103-111.

[16]吴理财.从“管治”到“服务”：关于乡镇政府职能转变的问卷调查[J].中国农村观察，2008(4)：62-72，81.

[17]徐勇，项继权.主持人语：资源性稳定向体制性稳定转型[J].华中师范大学学报(人文社会科学版)，2005(5):1.

[18]于金富.生产方式变革是建设社会主义新农村的基础工程[J].经济学家，2007(4)：103-107.

[19]余涛，涂传飞，余静.村落体育生活方式的百年变迁及启示[J].上海体育学院学报，2011(4)：58-63.

[20]杨文茹，余涛，涂传飞，等.村落语境中传统体育的文化功能：以芜湖县崔墩穿马灯活动为例[J].中国体育科技，2011(5)：101-107.

[21]余涛，张世威，王永顺，等.新农村建设背景下农村体育生活方式理

念和构建:以安徽歙县许村为例[J].北京体育大学学报,2012(2):11-15.

[22]虞重干,郭修金.农村体育的根基:村落[J].武汉体育学院学报,2007(7):1-5.

[23]张玉秀.生活方式、体育生活方式的界定及其研究状况分析[J].南京体育学院学报(社科版),2005,19(3):13-16.

[24]邹师,章思琪.体育促进社会稳定的机制[J].体育学刊,2008(9):26-30.

[25]李洪波.现代性与中国的现代化[D].济南:山东大学,2008.

[26]王振亮.农村宗族对村落体育的影响研究:以河南封丘县刘王村为个案[D].福州:福建师范大学,2009.

[27]何新.中国传统文化精神之我见[N].光明日报,1986-01-07.

[28]全国总工会.新生代农民工问题已影响国家社会稳定[N].工人日报,2010-06-28.

[29]刘尚希.谨防乡镇机构改革落入“循环改革”陷阱[N].中国经济时报,2006-02-20.

附录：农村体育生活方式现状调查表

尊敬的农民朋友：

您好！

新农村建设将发展农村经济与提高农民生活质量共同视为当前农村工作中最为重要的两项任务。因此，形成健康、科学、文明的生活方式成为衡量新农村建设效果的重要指标之一。在当代，体育生活方式是健康、科学、文明的生活方式的重要表现形式之一，所以在我国农村构建和推广适合农民的新型现代体育生活方式尤为重要。在国家社科基金项目的支持下，安徽师范大学体育学院“新农村建设背景下我国农村体育生活方式现代化研究”课题组对我国农村体育生活方式现状进行调查，发现问题和不足，以期为构建我国新型现代农村体育生活方式提出有针对性的对策和建议。辛苦您在百忙之中完成问卷填写工作，我们将对您所付出的辛勤劳动表示最诚挚的谢意！在此祝您生活愉快，万事如意!

“新农村建设背景下我国农村体育生活方式现代化研究”课题组

2011年1月21日

相关概念说明：

社会体育指导员：指在群众性体育活动中从事运动技能传授、健身指导和组织管理工作的人员。

体育生活方式：指在不同的社会和时代中生活的个人、群体或全体成员，在一定的社会条件制约下和在一定的体育价值观制导下，为了满足多层次体育需求而形成的体育活动形式和行为特征的总和。

“主流型”体育活动：指在当前社会中占据主导或中心地位的、大众化的体育活动，如篮球、足球、排球、健美操、羽毛球、乒乓球、网球、跑步、健步走等体育活动。

“非主流型”体育活动：指在当前社会中不占据主导或中心地位的、非大众化的或另类的体育活动，如舞龙、舞狮、打陀螺、垂钓、远足、攀岩、极限运动、电子竞技、竞技麻将、桥牌等体育活动。

间接参与的体育活动：间接参与“主流型”和“非主流型”体育活动，如研究、探讨和交流体育类信息，看体育类书籍报刊，通过电视和网络等媒体欣赏体育比赛，在现场看体育比赛；组织、管理和指导体育活动开展，等等。

体育消费：指人们用于体育活动及相关方面的消费，主要包括用于购买体育服装、运动器材以及体育类书籍报刊等的实物型支出，用于观看各种体育比赛、表演、展览等的观赏型消费，以及用于参加各种体育活动、健身训练、体育健康医疗等的参与型消费。

休闲时间：指生产劳动与维持生命活动的生活必要时间（如饮食、睡眠等所需时间）以外的由个人自由支配的时间，体现了各种闲暇活动量的分配及其相互关系。

填表说明：请在符合您的选项上划“√”，在“______”上填写相应的答案。

1.您的性别：

A.男　　B.女

2.您的年龄：

A.18岁及以下　　B.19～30岁　　C.31～45岁

D.46～60岁　　E.61岁及以上

3.您的文化程度：

A.大学专科及以上　　B.高中或中专　　C.初中

D.小学　　E.文盲

4.您的家庭地址：_____省_____市_____县_____乡（镇）_____（自然村）。

5.您的家庭_____口人。

6. 您的家庭年收入：

A.5 000元及以下　B.5 001 ~ 10 000元　C.10 001 ~ 15 000元

D.15 001 ~ 20 000元　E.20 001 ~ 25 000元　F.25 001 ~ 30 000元

E.30 001元及以上

7. 近两年，您亲身参加过“主流型”和“非主流型”体育活动吗？

A. 有　B. 没有　（若选择B请跳至19题进行填写）

8. 您参加“主流型”和“非主流型”体育活动的频率为多少？

A. 每周3次以上（包括3次）　B. 每周1 ~ 2次

C. 每月1 ~ 3次　D. 每年偶尔几次

9. 您每次参加“主流型”和“非主流型”体育活动的平均持续时间为多少？

A.30分钟以内　B.30分钟 ~ 1小时

C.1小时 ~ 2小时　D.2小时以上

10. 您每次参加“主流型”和“非主流型”体育活动的强度如何？

A. 很小　B. 小　C. 中等

D. 较强　E. 很强

11. 您一般何时参加体育活动？（可以多选）

A.8:00之前　B.8:00—10:00　C.10:00—12:00

D.12:00—14:00　E.14:00—16:00　F.16:00—18:00

E.18:00以后

12. 您参与的“主流型”体育活动在哪些？（可以多选）

A. 篮球　B. 足球　C. 排球　D. 健美操

E. 羽毛球　F. 网球　G. 乒乓球　H. 游泳

I. 跑步　J. 健美　K. 武术　L. 其他

13. 您参与的“非主流型”体育活动有哪些？（可以多选）

A. 舞龙　B. 舞狮　C. 广场舞　D. 打陀螺

E. 垂钓　F. 登山　G. 攀岩　H. 体育游戏

I. 滑板　J. 电子竞技　K. 麻将　L. 桥牌

M. 小轮车　N. 象棋　O. 围棋　P. 其他

14. 您参加“主流型”和“非主流型”体育活动的场所在哪？（可以多选）

A. 自家室内或庭院　　B. 公路和街道

C. 树林和河边　　D. 田间地头

E. 学校的体育场地　　F. 村公共体育场地

G. 村公共活动场所　　H. 体育消费场地

I. 城镇公共体育或活动场所　　J. 各类单位体育场地　　K. 其他

15. 您参加“主流型”和“非主流型”体育活动的组织形式是什么？（可以多选）

A. 独自一人参与　　B. 与家人一起

C. 与朋友一起　　D. 宗族组织

E. 村委会组织　　F. 农民体育协会组织

G. 体育健身点组织　　H. 乡镇体育指导中心组织

I. 企业组织　　J. 其他

16. 您参加体育活动曾经有社会体育指导员进行组织和指导吗？

A. 有　　B. 没有　　（若选择B请跳至19题进行填写）

17. 社会体育指导员组织和指导您体育活动的频率为多少？

A. 每月10次以上　　B. 每月5～9次

C. 每月1～4次　　D. 每年偶尔几次

18. 您认为社会体育指导员组织和指导村民们参加体育活动有必要吗？

A. 非常必要　　B. 必要　　C. 无所谓　　D. 没必要

19. 近两年，您间接参加过体育活动吗？

A. 有　　B. 没有　　（若选择B请跳至24题进行填写）

20. 您间接参与的体育活动包括哪些？（可以多选）

A. 研究、探讨和交流体育类信息

B. 看体育类图书报刊

C. 通过电视和网络等媒体欣赏体育比赛和了解体育信息

D. 到现场观看体育比赛

E. 组织、管理和指导体育活动开展

F. 其他

21.您获取体育信息的渠道有哪些?(可以多选)

A.与人沟通　　B.广播　　C.电视

D.书籍报刊　　E.手机　　F.电脑、网络

G.宣传栏　　H.学校　　I.其他

22.请您对您近一年的休闲时间里的各项生活内容所消耗时间的多少进行排序。(请将1~11填在各项生活内容前面的横线上，1代表消耗时间最多，数值越大代表消耗时间越小。若没有某项生活内容，可以不填数值)

____A.看电视和上网(不包括浏览和观看体育类内容)

____B.购物

____C.阅读书籍和报刊(不包括体育类内容)

____D.旅游

____E.文化和技术学习

____F.直接参与各类体育活动(除了参与棋牌活动外)

____G.棋牌活动(包括麻将)

____H.间接参与各类体育活动

____I.娱乐活动(除了体育活动外)

____J.会客聊天

____K.闲待和其他活动

23.近一年，您体育生活的主要场所在哪?(可以多选)

A.家里　　B.公路和街道

C.树林和河边　　D.田间地头

E.学校的体育场地　　F.村公共体育场地

G.村公共活动场所　　H.城镇公共体育或活动场所

I.其他单位体育场地　　J.体育消费场所　　K.其他

24.近一年，您有过体育消费吗?

A.有　　B.没有　　(若选择B请跳至27题进行填写)

25.近一年，您体育消费金额大约为______元。

26.近一年，您购买的体育商品和体育服务有哪些?(可以多选)

A.体育服装和运动鞋　　B.乒乓球拍和乒乓球

C.羽毛球拍和羽毛球　　　　D.篮球

E.其他体育用品　　　　F.体育彩票

G.体育类图书和报纸　　　　H.购票观看体育比赛

I.村里开展体育活动或购买体育设施需要交纳的“赞助”

J.租赁体育场地进行体育锻炼　　　　K.参与体育培训　　　　L.其他

27.您认为参加体育活动能带给大家带来什么好处?(可以多选)

A.提高运动能力

B.增加体力

C.增进健康

D.美容、减肥、健美体形

E.陪家人和孩子参加体育活动，维持家庭和谐

F.过年或过节时，渲染村子里节庆热闹气氛

G.散心解闷、休闲娱乐

H.增进村民之间交往与沟通

I.祭祀与信仰，保佑健康，祛病消灾，保佑风调雨顺、农业丰收、生意兴旺

J.促进村落、家族和宗族文化的认同感，增强了村落、家族和宗族凝聚力

K.传统文化或传统生活方式的传承和延续

L.维系宗族传承和延续

M.文化知识的教育与传播

N.道德、人格的教育与感化

O.为了村子的旅游开发

P.可以获得很多福利

Q.满足体育消费欲望

R.其他